# 残業時間削減の進め方と労働時間管理

荻原 勝●著

経営書院

# はじめに

　会社の経営にはさまざまな経費が必要ですが、その中でも人件費は相当の割合を占めています。経費のほとんどが人件費である、という会社も少なくありません。このため、多くの会社は、正社員の人数は必要最小限に留め、仕事が忙しいときは社員に残業（時間外労働）をさせるという経営方針を採用しています。このような事情から、多くの会社、多くの職場で日常的・恒常的に残業が行われています。1年を通じて残業が行われず、社員は定時に退社するというところはきわめて少ないでしょう。

　終身雇用制の下で会社の経営を安定・継続的に進めていくうえで、残業は必要不可欠です。しかし、いわゆる「長時間残業」は問題です。長時間残業は、社員の心身に大きな負担を与え、時には過労死を招きます。

　残業が日常的に行われ、残業に大きく依存している会社は、残業の削減に計画的・組織的に取り組むことが必要です。

　これまでは、特別条項付きの労使協定（36協定）を結べば、何時間でも残業をさせることができました。しかし、2019年4月以降は、「1か月100時間未満（休日労働を含む）」「1年720時間以下」などの上限規制が実施されています。

　また、残業に対しては、その代償として残業代（時間外労働手当）を支払うことが必要ですが、残業代は、とかく増大・膨張する傾向にあり、経営の負担となります。会社は、予算制度により、残業代を合理的・計画的に管理することが望まれます。

　本書は、

　・どのようにしたら残業を削減できるか

　・残業の削減については、どのような点に留意すべきか

を、実務に即して解説したものです。

残業問題の持つ多様性と多面性に対応し、次の9章構成としました。

第1章　労働時間の管理

第2章　残業の上限規制

第3章　残業の命令と自己申告

第4章　長時間残業社員の健康対策

第5章　残業削減の方策

第6章　残業削減委員会の設置と運営

第7章　営業職の労働時間管理

第8章　専門職の労働時間管理

第9章　残業費の管理と予算制度

執筆に当たっては、分かりやすさ・読みやすさに十分配慮しました。また、実務に役立つよう、各種の様式（通知書、届出書、報告書その他）と社内規程を多数紹介しました。

本書が人事労務の現場において役に立てば幸いです。

最後に、本書の出版に当たっては、経営書院の皆さんに大変お世話になりました。ここに記して、厚く御礼申し上げます。

荻原　勝

# 『残業時間削減の進め方と労働時間管理』

# 目　　次

はじめに

## 第1章　労働時間の管理

## 第2章　残業の上限規制

## 第3章　残業の命令と自己申告

# 第4章　長時間残業社員の健康対策

# 第5章　残業削減の方策

# 第6章　残業削減委員会の設置と運営

# 第7章　営業職の労働時間管理

# 第8章　専門職の労働時間管理

# 第9章　残業費の管理と予算制度

# 労働時間の管理

## 1 1日・1週の労働時間

### (1) 労働時間の原則

#### ① 労働時間と労使の立場

労働時間は、経営者にとっても労働者にとっても重要である。

経営者の役割は、一言でいえば、商品・サービスの販売によって利益を上げることである。生産販売を少しでも伸ばすためには、労働時間を少しでも長くする必要がある。労働時間を1日6時間にするよりも7時間にする方が生産販売の量を多くすることができる。7時間よりも8時間にする方が多くの生産販売を期待できる。

一方、労働者にとって、労働時間は、給与とともに重要な労働条件である。誰もが就職先を決めるに当たって、労働時間を重視する。労働時間は考慮せず、給与の金額だけで就職先を決める者は少ないであろう。

#### ② 労働基準法の定め

労働時間は、とかく長くなりがちである。しかし、長時間労働は、労働者の心身の健康にとって好ましくない。

労働基準法は、「労働時間は、1日8時間、1週40時間を超えてはならない」（第32条）と定めている。この労働時間を一般に「法定労働時間」という。

この規定を受けて、労働時間を「1日8時間、1週40時間」としている会社が多い。

## (2) 変形労働時間制

一定期間を平均して週の労働時間が40時間以下になることを条件として各日の労働時間を決める制度を「変形労働時間制」という。変形労働時間制を採用すれば、労働時間が9時間、10時間の日を設けることができる。

労働基準法で認められている主な変形労働時間制を示すと、図表のとおりである。

**図表1-1　主な変形労働時間制**

| | 内容 |
|---|---|
| 1か月変形労働時間制 | ・これは、1か月を平均して週の労働時間が40時間を超えなければ、1日8時間、1週40時間を超えて労働させることができる制度。<br>・1日、1週の労働時間に特に制限はない。<br>・1か月の労働時間の総枠は、次の算式による。<br>労働時間枠＝40×1か月の暦日数／7 |
| 1年変形労働時間制 | ・これは、1年を平均して週の労働時間が40時間を超えなければ、1日8時間、1週40時間を超えて労働させることができる制度。<br>・1日の労働時間は、10時間以内、1週の労働時間は、52時間以内。<br>・1年の労働時間の総枠は、次の算式による。<br>労働時間枠＝40×365／7 |
| フレックスタイム制 | ・始業・終業時刻、1日の勤務時間を社員自身に決めさせる制度。<br>・労働時間の清算期間は、3か月以内。<br>・フレキシブルタイム（始業時間帯、終業時間帯）、コアタイム（勤務すべき時間帯）を設けるのが一般的。 |

(3)　労働時間についての厚生労働省の見解

　労働時間は、一般的には「使用者の指揮命令下に置かれている時間」と理解されている。しかし、ある行為が「労働時間」に当たるかどうかを判断することは、一見すると簡単なようであるが、難しいこともある。

　労働時間についての厚生労働省の見解を示すと、次のとおりである（厚生労働省「労働時間の適正な把握のために使用者が講ずべき措置に関するガイドライン」）。

1　使用者の明示的・黙示的な指示により、労働者が業務を行う時間は労働時間に当たる。

2　労働時間に該当するかどうかは、労働協約や就業規則の定めに決められるものではなく、客観的に見て、労働者の行為が使用者から義務付けられたものであるかどうかによって判断される。

3　次のような時間は、労働時間に該当する。

| ①　使用者の指示により、就業を命じられた業務に必要な準備行為（着用を義務付けられた所定の服装への着替え等）や、業務終了後の業務に関連した後始末（清掃等）を事業場内で行った時間 |
| --- |
| ②　使用者の指示があった場合には即時に業務に従事することを求められており、労働から離れることを保障されていない状態で待機等している時間（いわゆる「手待時間」） |
| ③　参加することが業務上義務付けられている研修・教育訓練の受講や、使用者の指示により業務に必要な学習等を行っていた時間 |

## 2　労働時間の就業規則への記載

(1)　始業・終業時刻

　①　法定労働時間と所定労働時間

　労働基準法で定められている労働時間（1日8時間・1週40時間）を「法定労働時間」という。

　これに対し、会社が就業規則で決める労働時間を「所定労働時間」

と呼ぶ。所定労働時間は、1日についても、1週についても、法定労働時間を超えることはできない。

　なお、「1日」とは、午前0時から午後12時までの「暦日」をいい、「1週」とは、日曜日から土曜日までの「歴週」をいう（昭和63・1・1、基発1号）。

　②　始業・終業時刻と業務従事時間

　勤務時間については、基本的に、

　・始業時刻＝実際に業務を開始する時刻

　・終業時刻＝実際に業務を終了する時刻

と考えるべきである。そして、この考えを就業規則に明記すべきである。

　会社の中には、例えば「出勤時間・午前9時、退勤時間・午後6時」というように、「出勤時間」「退勤時間」という表現を使っているところがある。このような表現を使うと、「出勤時間までに会社へ到着すればいい」「退勤時間になったらすぐに帰れる」と考える者が出る可能性がある。

　社員が出勤してから業務を開始するまでに5分、10分かかったり、あるいは退勤時間の10分、20分前に業務を終えて帰り支度をするというのでは、業務管理、作業管理に支障が生じる。

　勤務時間についての基準を明確にするため、「始業時刻」「終業時刻」という表現を使用するのがよい。

**〈就業規則への記載例（労働時間）〉**

---

（勤務時間）

第○条 勤務時間は、休憩を除き１日８時間とし、始業・終業時刻は、次のとおりとする。

始業時刻 午前８時30分

終業時刻 午後５時30分

2 始業時刻とは、所定の就業場所で業務を開始する時刻をいい、終業時刻とは、業務を終了する時刻をいう。

3 業務の都合により、始業・終業時刻を繰り上げ、または繰り下げることがある。

---

## (2) 休憩

### ① 休憩時間の長さ

労働基準法は、休憩時間の長さについて、

・労働時間が６時間を超えるときは、45分以上

・労働時間が８時間を超えるときは、60分以上

とし、労働時間の途中において、全員にいっせいに与えるべきことを定めている（第34条）。

### ② 休憩時間の自由利用

休憩時間は、自由に利用させることが必要である。ただし、休憩時間も拘束時間であるから、施設の管理や職場の秩序維持のうえで必要であるときは、一定の制限を設けても差し支えない。

### ③ 手待ち時間の取り扱い

実際に業務をしているわけではないが、いつでもすぐに仕事ができるように待機している時間を「手待ち時間」という。

小売店の店員が、客がきたらすぐに対応できるように、店内で待機している時間は、手待ち時間の典型例である。

手待ち時間中も、社員は、使用者の指揮命令下にある。したがって、手待ち時間は、労働時間である。「手待ち時間に休息を取れる」といっ

て休憩時間を与えないのは、労働基準法違反である。

〈就業規則への記載例（休憩）〉

```
（休憩）
第○条　休憩は、正午から1時間とする。
2　休憩時間は、自由に利用することができる。
```

### (3)　欠勤・遅刻・早退の手続き

#### ①　事前の届出

　社員が欠勤、遅刻または早退をすると、それだけ人手が不足し、業務に支障が生じる。しかし、事前に届出があれば、一定の対策を講じ、業務への影響を最小限に留めることができる。

　このため、欠勤、遅刻または早退をするときは、事前に届け出ることを義務付ける。やむを得ない事情で事前に届け出ることができないときは、事後速やかに届け出ることを求める。

#### ②　医師の診断書の提出

　欠勤が連続すると、業務への影響が大きくなる。

　欠勤が一定日数以上に及ぶときは、医師の診断書を提出することを求める。

〈就業規則への記載例（欠勤・遅刻・早退)〉

```
（欠勤、遅刻および早退）
第○条　欠勤、遅刻および早退をしてはならない。
2　欠勤、遅刻または早退をするときは、あらかじめ届け出なければならない。やむを得ない事情で事前に届け出ることができないときは、事後速やかに届け出なければならない。
3　病気による欠勤が3日以上に及ぶときは、届出に医師の診断書を添付しなければならない。
4　公共交通機関の遅延その他、社員の責めによらない遅刻については、遅刻として取り扱わないことがある。
```

⑷　労働時間規定の適用除外

　①　労働時間規定等の適用除外

　労働基準法は、労働時間、休憩および休日について定めている。し
かし、社員の中には、その地位や業務の形態等から判断して、これら
の規定の適用が適当でない者がいる。

　このため、労働基準法は、一部の者について、労働時間、休憩およ
び休日の規定の適用を免除している（第41条）。

　一般の会社の場合、労働時間、休憩および休日の規定を適用しなく
てもよいのは、管理者、機密業務担当者および監視・断続的労働に携
わる者である。

　②　管理者の要件

　会社は、経営を組織的・効率的に行うため、係・課・部という組織
を設けている。そして、組織（部門）ごとに、業務遂行の責任を持つ
役職者（係長・課長・部長）を任命している。

　これらの役職者のうち、高位の役職者（管理者）は、一般に、社員
の労務管理に関して経営者と一体的な立場にあり、ある程度自由に行
動しなければならないことが多い。もしも、労働基準法の労働時間、
休憩および休日の規定を厳格に適用すると、管理者の業務に支障が生
じる可能性がある。

　このため、労働基準法は、「管理者には、労働時間、休憩および休
日の規定は適用しなくてもよい」と定めている。

　「管理者には、労働時間の規定を適用しなくてもよい」ということ
は、

　・始業時刻に遅れても、遅刻扱いとはしない

　・終業時刻の前に退社しても、早退扱いとはしない

　・1日8時間以上働いても、時間外労働手当を支払わなくても差し
　　支えない

ということである。

また、「管理者には、休日の規定を適用しなくてもよい」ということは、「休日に働いても、休日労働手当を支払わなくても差し支えない」ということである。

　なお、「管理者」は、課長・部長などのライン系統の役職者に限らない。いわゆるスタッフ部門の者であっても、大きな権限と責任を与えられ、「経営者と一体となって労務管理を行う立場」にあれば、管理者といえる。

### ③　管理者の範囲の拡大

　会社は、労働条件（雇用期間、職務内容、給与、その他）の決定その他労務管理について、経営者と一体的な立場にある者に対しては、労働基準法の労働時間・休憩および休日の規定が適用されないので、時間外労働手当および休日労働手当を支払うべき義務はない。

　この点に着目して、会社の中には、「時間外労働手当と休日労働手当の支払いを少しでも減らしたい」「人件費の負担を軽減したい」という思惑から、労務管理についての権限を与えられていない者を「管理者」に任命し、時間外労働手当と休日労働手当の支払いを免れているところがある。しかし、このような管理者の範囲の拡大解釈は、問題である。

　厚生労省では、
　　・職務の内容
　　・与えられている権限
　　・給与の額
　　・その他
を総合的に判断して、管理者の範囲を決めるべきであるとしている（昭和63・3・14、基発150号）。

### ④　機密業務を取り扱う者

　労働基準法は、「機密事項を取り扱う者」についても、労働時間・休憩・休日の規定を適用しないことを認めている。

その代表は、役員秘書であろう。役員秘書は、経営幹部や役職者ではないが、その立場上、会社経営の機密事項を取り扱うことが多い。このため、労働時間・休憩・休日の規定を適用しなくても差し支えない。

⑤　監視・断続労働者とは

一定の場所において監視することを本来の業務とし、身体的または精神的な緊張の少ない業務を「監視労働」という。また、手待ち時間が相当多いものを「断続労働」という。

守衛や警備員の業務は、監視労働であり、役員専用車の運転は、断続労働である。

監視労働・断続労働も、労働時間・休憩・休日の規定を適用しなくても差し支えない。

なお、監視・断続業務に従事する者に対して、労働時間・休憩・休日の規定を適用しないことにするときは、あらかじめ労働基準監督署に、その労働の実態を申し出て、許可を得ることが必要である。

〈就業規則への記載例（労働時間規定の適用除外）〉

---

（適用除外）

第○条　次に掲げる者には、本章に定める勤務時間、休憩および休日に関する規定は適用しない。

　(1)　部長以上の役職者
　(2)　役員専用車運転手

---

## 3　残業（時間外労働）

### (1)　残業（時間外労働）と労使協定

#### ①　労働基準法の定め

会社の仕事には、一般的に「波」がある。忙しいときもあれば、それほど忙しくもないときもある。

仕事の量が通常の日よりも多いときや、人手が不足しているときなどは、法定労働時間では仕事を処理することができない。仕事を処理するためには、社員に対して、法定労働時間を超えて労働することを命令することが必要となる。

　法定労働時間を超えて労働させることを「時間外労働」（残業）という。

　労働基準法は、「使用者は、労働者の過半数で組織する労働組合（労働組合がないときは、労働者の過半数を代表する者）との間で協定を結び、これを労働基準監督署に届け出れば、労働者に時間外労働をさせることができる」（第36条）と定めている。

　残業をさせるときは、あらかじめ労使協定を結ぶことが必要である。次のようなことは、労働基準法違反である。

　・労使協定を結ばずに時間外労働をさせること
　・労使協定で定めた時間を超えて時間外労働をさせること

② 　労使協定の項目

　時間外労働に関する労使協定（36協定）の項目は、図表に示すとおりである。

図表１－２　時間外労働に関する労使協定の項目

| |
| --- |
| 1　時間外労働をさせる必要のある具体的事由 |
| 2　業務の種類 |
| 3　労働者数 |
| 4　時間外労働の時間数（1日、1週、1年） |

（注）時間外労働の時間が「限度時間」以内の場合

⑵　労使協定の当事者

　労働組合がない場合、時間外労働協定（36協定）は「労働者の過半数を代表する者と協定することになるが、「労働者の過半数を代表する者」は、労働者の投票や挙手で選任されることが必要である。

会社が役職者（管理監督者）を「社員代表者」として指名するようなことがあってはならない。

### (3) 労使協定の効力

時間外労働については労使協定の締結が必要であるが、労使協定さえ締結すればそれで十分であるというわけではない。

厚生労働省は、「労働者が会社の時間外労働の命令に従うべき法律上の義務は、労働協約、就業規則等によって生じる」という通達をだしている。

このため、就業規則に「業務上必要であるときは、時間外労働を命令することがある」旨を記載しておく必要がある。

#### 〈厚生労働省の通達〉

労働基準法上の労使協定の効力は、その協定に定めるところによって労働させても労働基準法に違反しないという免罰効果をもつものであり、労働者の民事上の義務は当該協定から直接生じるものではなく、労働協約、就業規則等の根拠が必要なものであること。

（注）昭和63・1・1、基発1号

#### 〈就業規則への記載例（時間外労働）〉

（時間外労働）
第○条　会社は、業務上必要であるときは、労働組合との間で締結した労使協定の範囲内で時間外労働を命令することがある。
2　遅刻した社員については、所定労働時間を超えて労働した時間を時間外労働時間として取り扱う。

## 4　労働時間の把握

### (1) 労働安全衛生法の規定

会社は、社員の健康を守るべき義務を負っている。

会社相互の競争が激しいこともあり、労働時間はとかく長くなりがちであるが、長時間労働は心身の健康を損なう危険性が高い。長時間労働に伴う健康障害から社員を守るためには、日ごろから「社員がどれくらいの時間働いているか」をきちんと把握すること必要である。労働時間を把握することなく、健康管理を行うことには無理がある。

このため、労働安全衛生法は、「事業主は、労働者の労働時間の状況を把握しなければならない」旨定めている（第66条の8の3）。

## (2) 労働時間の把握の方法

労働時間の把握にはさまざまな方法があるが、厚生労働省は、原則として次のいずれかによって把握すべきであるとしている。

### 図表1－3 労働時間把握の原則的な方法

| |
| --- |
| ① 使用者が自ら現認することにより確認すること |
| ② タイムカード、ICカード、パソコンの使用時間の記録等の客観的な記録を基礎として確認し、適正に記録すること |

(注)「労働時間の適正な把握のために使用者が講ずべき措置に関するガイドライン」
（平成29年1月20日）

## (3) 自己申告により把握する場合の措置

会社の中には、社員の自己申告によって労働時間を把握しているところがある。自己申告については、かねてから「社員が実際よりも少ない時間を申告する」「会社が申告の上限時間を設定する」など、さまざまな問題が指摘されてきた。

厚生労働省は、自己申告の場合には、図表に示すような措置を講じなければならないとしている。

**図表1－4　自己申告方式の場合に会社が講ずべき措置**

| ①　自己申告を行う労働者や、労働時間を管理する者に対して、自己申告制の適正な運用について、十分説明を行うこと |
| --- |
| ②　自己申告により把握した労働時間と、入退場記録やパソコンの使用時間等から把握した在社時間との間に著しい乖離がある場合には、実態調査を実施し、所要の労働時間の補正を行うこと |
| ③　使用者は、労働者が自己申告できる時間数の上限を設ける等、適正な自己申告を阻害する措置を設けてはならないこと。さらに36協定で定めた時間数を超えて労働しているにもかかわらず、記録上これを守っているかのようにすることが労働者等において慣習的に行われていないか確認すること |

(注)「労働時間の適正な把握のために使用者が講ずべき措置に関するガイドライン」
　　（平成29年1月20日）

## (4)　賃金台帳の調製

　労働基準法は、「使用者は、各事業場ごとに賃金台帳を調製し、賃金計算の基礎となる事項を記入しなければならない」旨規定している（第108条）。

　会社は、賃金台帳に、社員ごとに、労働日数、労働時間数、休日労働時間数、時間外労働時間数、深夜労働時間数といった事項を適正に記入しなければならない。

　賃金台帳にこれらのことを記入していない場合や、故意に賃金台帳に虚偽の労働時間数を記入した場合は、労働基準法第120条に基づき、30万円以下の罰金に処せられる。

## (5)　労働時間の記録の保存

　労働基準法は、「使用者は、労働者名簿、賃金台帳その他労働関係に関する重要な書類を3年間保存しなければならない」旨規定している（第109条）。

出勤簿やタイムカード等、労働時間の記録に関するものは、「労働関係に関する重要な書類」に該当する。したがって、３年間保存することが必要である。

# 第2章

# 残業の上限規制

## 1　残業の限度時間

### (1)　会社経営と残業

　会社経営の立場からすると、仕事の量が安定していることが理想である。しかし、現実には変動がある。忙しいときもあれば、それほど忙しくないときもある。

　仕事の量に応じて、社員の数を自由に調整することができれば、会社経営にとっては、好都合である。しかし、そうはいかない。社員の募集・採用には、求人広告の掲載からはじまり、採用の内定に至るまで、相当の期間を要する。

　一方、社員の解雇は、容易ではない。労働基準法上は、「30日前に予告するか、平均賃金の30日分の予告手当を支払えば解雇できる」と規定されているが、解雇には「合理性」が強く求められている。合理性に欠ける解雇は、「解雇権の濫用」と認定され、無効となる。

　このような事情から、多くの会社は、社員の数は必要最小限に留め、仕事の量が増えると社員に残業（時間外労働）を命令するという経営方法を採用している。このため、多くの会社で、日常的・恒常的に残業が行われている。

## ⑵ 残業の原則時間

　労働基準法は、「社員に残業をさせるときは、労働組合（労働組合がないときは、社員の過半数を代表する者）との間で、時間外労働協定を結び、これを労働基準監督署に届け出なければならない」と定めている。

　しかし、労使協定を結べば、何時間でも残業をさせることができるとしたら、残業が長時間に及ぶ可能性がある。

　社員の健康と福祉を確保するためには、残業について、一定の限度を設けることが必要である。そのような観点から、労働基準法は、残業について、限度時間を設けている。限度時間は、図表に示すとおりである。

　なお、限度時間には休日労働（週に１日の休日の労働をいう。週休二日制の会社の場合は、土日いずれかの労働が休日労働に該当し、残り１日の労働は、時間外労働に該当する）は含まれない。

**図表２−１　残業（時間外労働）の限度時間**

| 期間 | 限度時間 |
| --- | --- |
| １週間 | 15時間　（14時間） |
| ２週間 | 27時間　（25時間） |
| ４週間 | 43時間　（40時間） |
| １か月 | 45時間　（42時間） |
| ２か月 | 81時間　（75時間） |
| ３か月 | 120時間　（110時間） |
| １年間 | 360時間　（320時間） |

（注）（　）内の数値は、１年単位の変形労働時間制の労働者の場合

## 2 残業の上限規制の概要

### (1) 限度時間を超える残業

「限度時間」（1か月45時間・1年360時間）は、残業の原則である。会社は、労働組合との間で協定を結ぶときは、限度時間の範囲内で結び、社員に残業を命令するときは、限度時間の範囲内で命令することが望ましい。

しかし、通常の量を大きく超える注文があったときや、納期が厳しく指示されているときなどは、限度時間では対応できないであろう。また、業務処理システムに異常が生じたときなども、限度時間では対応が困難であろう。

このような場合には、限度時間を超えて残業を命令せざるを得ない。

「臨時的な特別の事情」があるときは、労使協定を結ぶことにより、限度時間を超えて残業をさせることができる。

### (2) 「臨時的な特別の事情」とは

「臨時的な特別の事情がある場合」について、厚生労働省では、次のように述べている。

① 限度時間を超えて時間外労働を行わせることができるのは、通常予見することのできない業務量の大幅な増加など、臨時的な特別の事情がある場合に限る。

② 臨時的に限度時間を超えて労働させる必要がある場合の事由については、具体的に定めなければならない。「業務の都合上必要な場合」「業務上やむを得ない場合」など、恒常的に長時間労働を招くおそれがあるものは認められない。

同省では、「臨時的に必要がある場合」の例として、次のようなものを示している。

・予算、決算業務

・ボーナス商戦に伴う業務の繁忙

・納期のひっ迫

・大規模なクレームへの対応

・機械のトラブルへの対応

### (3) 上限規制の概要

　「臨時的な特別の事情がある場合」には、限度時間を超えて残業をさせることができる。しかし、残業（時間外労働）について上限時間が設けられていないと、仕事が忙しい職場や人手が不足している会社では、長時間労働を招く可能性がある。

　長時間の残業は、社員の健康に好ましくない影響を与える。また、「寝るためにだけ、家へ帰る」というのでは、充実した生活はできない。家族との団欒もできない。

　このため、残業について、上限が設けられている。上限規制の内容は、図表に示すとおりである。

**図表２−２　残業（時間外労働）の上限規制**

| ① | １か月において時間外労働ができる時間は、100時間未満（休日労働を含む） |
|---|---|
| ② | １年を通じ、どの時期も、２か月、３か月、４か月、５か月、６か月のいずれにおいても、１か月平均80時間以内であること（休日労働を含む） |
| ③ | １年において時間外労働ができる時間は、720時間以内（休日労働は含まない） |
| ④ | 45時間を超えることができる月数は、１年について６か月以内（年６回まで）（休日労働は含まない） |

### (4) 違反の罰則

　上限規制のうち、次のものに違反すると、６か月以下の懲役または

30万円以下の罰金に処せられる。

**図表2－3　罰則の対象**

| ① | 1か月において時間外労働ができる時間は、100時間未満（休日労働を含む） |
|---|---|
| ② | 1年を通じ、どの時期も、2か月、3か月、4か月、5か月、6か月のいずれにおいても、1か月平均80時間以内であること（休日労働を含む） |

### (5) 規制の適用除外

　次の業務・事業については、その業務の特殊性に配慮して、上限規制の適用に関して適用除外等の措置が講じられている。

① 新たな技術、商品または役務の研究開発
② 工作物の建設の事業
③ 自動車の運転の業務
④ 医業に従事する医師
⑤ 鹿児島県および沖縄県において砂糖を製造する事業

　これらのうち、研究開発、建設および自動車の運転業務について、適用除外等の主な措置を示すと、図表のとおりである。

**図表2－4　上限規制の適用除外**

| | 内容 |
|---|---|
| ① 新たな技術、商品または役務の研究開発 | 上限規制は適用しない |
| ② 工作物の建設の事業 | 2024年3月までは、上限規制は行わない |
| ③ 自動車の運転の業務 | 2024年3月までは、上限規制は行わない |

## 3　事例にみる「上限規制」

### ⑴　「1か月100時間未満」という規制

　1か月の残業（時間外労働）の上限は、休日労働とあわせて「100時間未満」である。

　「休日労働」とは、週に1回の法定休日の労働をいう。土曜と日曜を休日とする週休二日制の会社の場合は、日曜を法定休日と決めてあれば日曜の労働が休日労働に当たり、土曜の労働は時間外労働となる。

**図表2－5　1か月100時間未満を超えない例**

| 日 | 曜 | 時間外労働 | 休日労働 | 日 | 曜 | 時間外労働 | 休日労働 |
|---|---|---|---|---|---|---|---|
| 1 | 日 | | | 22 | 日 | | |
| 2 | 月 | | | 23 | 月 | 4 | |
| 3 | 火 | | | 24 | 火 | 4 | |
| 4 | 水 | | | 25 | 水 | 4 | |
| 5 | 木 | | | 26 | 木 | 4 | |
| 6 | 金 | | | 27 | 金 | 4 | |
| 7 | 土 | | | 28 | 土 | 4 | |
| 小計 | | 0 | 0 | 小計 | | 24 | 0 |
| 8 | 日 | | | 29 | 日 | | 8 |
| 9 | 月 | 3 | | 30 | 月 | 4 | |
| 10 | 火 | 3 | | 31 | 火 | 4 | |
| 11 | 水 | 3 | | 小計 | | 8 | 8 |
| 12 | 木 | 3 | | 合計 | | 67 | 16 |
| 13 | 金 | 3 | | | | | |
| 14 | 土 | | | | | | |
| 小計 | | 15 | 0 | | | | |
| 15 | 日 | | 8 | | | | |
| 16 | 月 | 4 | | | | | |
| 17 | 火 | 4 | | | | | |
| 18 | 水 | 4 | | | | | |
| 19 | 木 | 4 | | | | | |
| 20 | 金 | 4 | | | | | |
| 21 | 土 | | | | | | |
| 小計 | | 20 | 8 | | | | |

　（注）　①　土日を休日とする週休二日制の会社。②　土曜出勤は時間外労働、日曜出勤は休日労働とした。③　時間外労働67時間、休日労働16時間、合計83時間のため、「100時間未満」の範囲にある。

**図表2−6　1か月100時間未満を超える例**

| 日 | 曜 | 時間外労働 | 休日労働 | 日 | 曜 | 時間外労働 | 休日労働 |
|---|---|---|---|---|---|---|---|
| 1 | 日 | | 8 | 22 | 日 | | |
| 2 | 月 | | | 23 | 月 | 4 | |
| 3 | 火 | | | 24 | 火 | 4 | |
| 4 | 水 | 3 | | 25 | 水 | 4 | |
| 5 | 木 | 3 | | 26 | 木 | 4 | |
| 6 | 金 | 3 | | 27 | 金 | 4 | |
| 7 | 土 | | | 28 | 土 | 6 | |
| 小計 | | 9 | 8 | 小計 | | 26 | 0 |
| 8 | 日 | | | 29 | 日 | | 8 |
| 9 | 月 | 3 | | 30 | 月 | 4 | |
| 10 | 火 | 3 | | 31 | 火 | 4 | |
| 11 | 水 | 3 | | 小計 | | 8 | 8 |
| 12 | 木 | 3 | | 合計 | | 78 | 24 |
| 13 | 金 | 3 | | | | | |
| 14 | 土 | | | | | | |
| 小計 | | 15 | 0 | | | | |
| 15 | 日 | | 8 | | | | |
| 16 | 月 | 4 | | | | | |
| 17 | 火 | 4 | | | | | |
| 18 | 水 | 4 | | | | | |
| 19 | 木 | 4 | | | | | |
| 20 | 金 | 4 | | | | | |
| 21 | 土 | | | | | | |
| 小計 | | 20 | 8 | | | | |

（注）①　土日を休日とする週休二日制の会社。②　土曜出勤は時間外労働、日曜出勤は休日労働とした。③　時間外労働78時間、休日労働24時間、合計102時間のため、「100時間未満」を超える。

## (2)　「2か月〜6か月の1か月平均時間外労働80時間以下」という規制

　長時間に及ぶ時間外労働が数か月にわたって継続的に行われると、心身の健康に好ましくない影響を与える。また、疲労が蓄積して注意

力・集中力が散漫となり、労働災害を引き起こす可能性が大きくなる。

このため、労働基準法は、「１年を通じ、どの時期も、２か月、３か月、４か月、５か月、６か月のいずれにおいても、時間外労働と休日労働を合わせた時間の１か月平均は80時間以内でなければならない」という規制を設けている。

**図表２－７　「１か月平均80時間以下」の判定事例**

（事例１）　２か月の場合

| ２月 | ３月 | ２か月計 | １か月平均 |
|---|---|---|---|
| 時間外・休日労働90時間 | 時間外・休日労働50時間 | 140時間 | 70時間 |

➡１か月平均が80時間以下のため、問題なし

（事例２）　２か月の場合

| ２月 | ３月 | ２か月計 | １か月平均 |
|---|---|---|---|
| 時間外・休日労働90時間 | 時間外・休日労働80時間 | 170時間 | 85時間 |

➡１か月平均が80時間を超えるため、法令違反

（事例３）　３か月の場合

| 10月 | 11月 | 12月 | ３か月計 | １か月平均 |
|---|---|---|---|---|
| 時間外・休日労働90時間 | 時間外・休日労働70時間 | 時間外・休日労働65時間 | 225時間 | 75時間 |

➡１か月平均が80時間以下のため、問題なし

（事例4） 3か月の場合

| 10月 | 11月 | 12月 | 3か月計 | 1か月平均 |
|---|---|---|---|---|
| 時間外・休日労働90時間 | 時間外・休日労働60時間 | 時間外・休日労働95時間 | 245時間 | 81.6時間 |

➡ 1か月平均が80時間を超えるため、法令違反

（事例5） 4か月の場合

| 9月 | 10月 | 11月 | 12月 | 4か月計 | 1か月平均 |
|---|---|---|---|---|---|
| 時間外・休日労働40時間 | 時間外・休日労働80時間 | 時間外・休日労働80時間 | 時間外・休日労働80時間 | 280時間 | 70時間 |

➡ 1か月平均が80時間以下のため、問題なし

（事例6） 4か月の場合

| 9月 | 10月 | 11月 | 12月 | 4か月計 | 1か月平均 |
|---|---|---|---|---|---|
| 時間外・休日労働65時間 | 時間外・休日労働95時間 | 時間外・休日労働65時間 | 時間外・休日労働96時間 | 321時間 | 80.25時間 |

➡ 1か月平均が80時間を超えるため、法令違反

（事例7） 5か月の場合

| 8月 | 9月 | 10月 | 11月 | 12月 | 5か月計 | 1か月平均 |
|---|---|---|---|---|---|---|
| 時間外・休日労働60時間 | 時間外・休日労働95時間 | 時間外・休日労働60時間 | 時間外・休日労働95時間 | 時間外・休日労働60時間 | 370時間 | 74時間 |

➡ 1か月平均が80時間以内のため、問題なし

（事例8）　6か月の場合

| 7月 | 8月 | 9月 | 10月 | 11月 | 12月 | 6か月計 | 1か月平均 |
|---|---|---|---|---|---|---|---|
| 時間外・休日労働50時間 | 時間外・休日労働70時間 | 時間外・休日労働80時間 | 時間外・休日労働80時間 | 時間外・休日労働60時間 | 時間外・休日労働98時間 | 438時間 | 73時間 |

➡ 1か月平均が80時間以内のため、問題なし

## (3) 「時間外労働は1年720時間以内」という規制

　労働基準法は、時間外労働の上限時間を「1年について720時間」と規定している。この720時間には、休日労働の時間は、含まれていない。

**図表2－8　時間外労働の上限は1年当たり720時間**

|  | 事例1 | 事例2 | 事例3 | 事例4 |
|---|---|---|---|---|
| 1月 | 40 | 40 | 40 | 30 |
| 2 | 40 | 0 | 42 | 50 |
| 3 | 40 | 90 | 95 | 90 |
| 4 | 50 | 40 | 42 | 40 |
| 5 | 50 | 90 | 42 | 40 |
| 6 | 40 | 40 | 95 | 90 |
| 7 | 40 | 90 | 42 | 70 |
| 8 | 50 | 40 | 42 | 40 |
| 9 | 95 | 90 | 60 | 30 |
| 10 | 30 | 40 | 80 | 50 |
| 11 | 50 | 40 | 65 | 60 |
| 12 | 95 | 90 | 90 | 90 |
| 計 | 620 | 690 | 735 | 680 |
| 適法・違法の判定 | 720時間以内のため、問題なし | 720時間以内のため、問題なし | 720時間を超えるため、法令違反 | 720時間以内のため、問題なし |

（注）「720時間」には、休日労働は含まれない。

## ⑷ 「時間外労働が45時間を超える月は1年6回以内」という規制

労働基準法は、「時間外労働は、原則として1か月45時間以内」と定めている（限度時間）。

時間外労働については「原則として45時間以内」とされている（限度時間）。時間外労働の時間が長い期間が連続すると、健康に良くない影響を与える。

時間外労働の長い月を減らすため、労働基準法は、「時間外労働が45時間を超える月は、1年につき6回以内でなければならない」という規制を設けている。

**図表2-9　45時間を超える月は6回以下**

|  | 事例1 | 事例2 | 事例3 | 事例4 |
|---|---|---|---|---|
| 1月 | 60 | 40 | 40 | 30 |
| 2 | 60 | 0 | 40 | 50 |
| 3 | 60 | 90 | 95 | 90 |
| 4 | 60 | 40 | 40 | 40 |
| 5 | 60 | 90 | 40 | 40 |
| 6 | 60 | 40 | 95 | 90 |
| 7 | 60 | 90 | 40 | 70 |
| 8 | 60 | 40 | 40 | 40 |
| 9 | 60 | 90 | 60 | 30 |
| 10 | 60 | 40 | 80 | 50 |
| 11 | 60 | 40 | 60 | 60 |
| 12 | 60 | 90 | 90 | 90 |
| 計 | 720 | 690 | 720 | 680 |
| 適法・違法の判定 | 45時間を超える月が6回を超えるため、法令違反 | 45時間を超える月が6回以下のため、問題なし | 45時間を超える月が6回以下のため、問題なし | 45時間を超える月が6回を超えるため、法令違反 |

（注）「45時間」には、休日労働（週に1日の法定休日の労働）は含まれない。

# 第3章

# 残業の命令と自己申告

## 1　労使協定の締結と役職者への通知

### (1)　残業の労使協定の締結

　残業（時間外労働）については、周知のように、労働組合（労働組合がないときは、社員の過半数を代表する者）との間において「時間外労働・休日労働に関する協定」（36協定）を締結し、これを労働基準監督署に届け出ることが必要である。

　労使協定を結ぶことなしに、「仕事が忙しいから」「納期が差し迫っているから」という理由で社員に対して残業を指示命令するのは、労働基準法違反である。

### (2)　役職者への労使協定の通知

　会社は、業務を組織的・効率的に行うために、業務の内容に応じて、部門（部・課・係）を設け、部門ごとに責任者（部長・課長・係長）を任命している。

　部門の責任者（役職者）は、担当する部門の業務目標を正しく理解し、その目標を確実に達成すべき責任を負っている。

　社員（部下）に対して、

　・残業を指示命令すべきか

・残業を指示命令する場合、その人数を何人程度とすべきか

・残業の時間は、何時間程度とすべきか

を最もよく知る立場にあるのは、現場の役職者である。

役職者が「時間外労働・休日労働に関する労使協定」の内容を正しく理解していないと、「人員に比較して、仕事の量が多いから」「納期までに製品を仕上げなければならないから」などの理由で、部下に対して労使協定に定める時間を超えて時間外労働を指示命令し、結果的に労働基準法違反を発生させる可能性がある。

役職者の指示命令は、「会社の指示命令」である。したがって、「役職者が自分の勝手な判断で指示命令したもので、会社が指示したものではない」という釈明は通用しない。

残業について、労働基準法違反を防ぐためには、労使協定を結んだときは、速やかにその内容を役職者に知らせるべきである（役職者への通知は、労使協定のコピーを手渡すことによって行うのが簡便である）。

**図表3－1　役職者への通知事項**

| 時間外労働 | 休日労働 |
|---|---|
| 1　人員 | 1　人員 |
| 2　1日の時間外労働時間 | 2　休日労働の日数（1か月当たり） |
| 3　1か月の時間外労働時間 | 3　休日労働の時間 |
| 4　1年の時間外労働時間 | 4　その他 |
| 5　その他 | |

## 様式例３－１　役職者への労使協定の通知

○その１

○○年○○月○○日

○○課長殿

人事課長

○○年度の時間外労働・休日労働について（お知らせ）

　会社は、このほど労働組合との間において、○○年度（○○年○○月１日～○○年○○月31日）の時間外労働・休日労働について、協定を結びました。貴課関係の協定内容は、下記のとおりです。

　業務の必要により課員に対して時間外労働・休日労働を指示命令するときは、協定の範囲内で行うよう、お願いします。

記

1　時間外労働

| 人員 | ○○人 |
|---|---|
| １日の時間外労働 | ○時間 |
| １か月の時間外労働 | ○○時間 |
| １年の時間外労働 | ○○○時間 |
| その他 |  |

2　休日労働

| 人員 | ○○人 |
|---|---|
| １か月の休日労働の日数 | ○日 |
| 休日労働の時間 | 午前○時～午後○時 |
| その他 |  |

以上

○その2

○○年○○月○○日

課長各位

人事課長

○○年度の時間外労働・休日労働について

　会社は、このほど労働基準法の定めるところにより、社員代表者と○○年度の時間外労働・休日労働について、協定を結び、これを労働基準監督署に届けました。協定の内容は、次のとおりです。

　業務の必要により課員に対して時間外労働・休日労働を指示命令するときは、協定の範囲内で行うよう、お願いします。

1　時間外労働

|  | ○○業務 | ○○業務 | ○○業務 | ○○業務 |
|---|---|---|---|---|
| 人員 |  |  |  |  |
| 1日の時間外労働時間数 |  |  |  |  |
| 1か月の時間外労働時間数 |  |  |  |  |
| 1年の時間外労働時間数 |  |  |  |  |
| 備考 |  |  |  |  |

2　休日労働

|  | ○○業務 | ○○業務 | ○○業務 | ○○業務 |
|---|---|---|---|---|
| 人員 |  |  |  |  |
| 1か月の休日労働の日数 |  |  |  |  |
| 休日労働の時間 |  |  |  |  |
| 備考 |  |  |  |  |

　（注）時間外労働とは、1日8時間を超える勤務をいい、休日労働とは、日曜の勤務をいう。土曜の勤務は、時間外労働として取り扱う。

以上

## 2　部下への残業の指示命令

### (1)　残業の命令の原則

　どの会社も、経営を円滑に遂行するため、社員に残業を指示命令する権限を現場の役職者に与えている。課員に対して残業を指示命令するのは、役職者の重要な権限といえる。残業の指示命令が適切でないと、部門の業務に著しい支障が生じる。

　現場の役職者に対して、

①　労使協定で定められた時間を厳守すること

②　残業時間の決定に当たっては、業務の量、業務の緊急性に十分配慮すること

を求める。


### (2)　指示命令の時期

　残業（時間外労働）を指示命令する時期について、労働基準法は特に定めていない。2、3日前でも差し支えないし、当日でも構わない。極端な場合には、終業時刻の直前に、「明日納品しなければならない注文が飛び込んできた。これから2時間程度残業して欲しい」と命令しても差し支えない。

　社員の立場からすると、当日になって、急に「今日2時間残業をするように」「今日は3時間残業を命令する」といわれると、大変困る。多くの社員が1日の生活予定を立てて家を出てくるからである。また、当日、「学生時代の親しい友人と再会する」「習い事に行く」などの予定を立てている者もいる。

　当日の残業命令が頻繁に行われると、役職者と部下との人間関係が悪くなり、職場の和が崩れる可能性がある。

　会社は、役職者に対して、「残業の指示命令は、原則として前日までに行うように」と事前命令を求めるのが望ましい。

(3)　育児・介護への配慮

　社員の中には、育児に当たっている者がいる。残業があれば、家へ帰る時間がそれだけ遅くなる。遅く帰って育児をするのは、心身に大きな負担を与える。

　また、高齢化が進展する中で、親の介護に当たっている者もいることであろう。介護をしている社員にとって、残業と介護との両立は、大きな負担である。

　社員への残業の指示命令に当たっては、育児または介護に当たっている者に対して、

　・原則として残業は命令しない

　・残業時間を他の社員よりも短くする

などの配慮をすることが望ましい。

　なお、育児・介護休業法は、

　・小学校入学前の子を養育している者、または家族を介護している
　　者は、会社に対して、時間外労働の制限を請求できる

　・会社は、請求が出されたときは、1か月24時間、1年150時間を
　　超えて時間外労働を命令してはならない。ただし、業務の正常な
　　運営を妨げる場合は、この限りではない

と定めている。

## 様式例3－2　残業（時間外労働）命令書

○その1

<table>
<tr><td colspan="2" style="text-align:right">○○年○○月○○日</td></tr>
<tr><td>○○○○様</td><td style="text-align:right">○○課長</td></tr>
</table>

時間外・休日労働命令書

（□時間外労働　□休日労働）

| 月日 | ○○月○○日　（　） |
|---|---|
| 時間 | ○○時○○分～○○時○○分 |
| 業務の内容 | |
| 備考 | |

以上

○その2

○○年○○月○○日

課員各位

○○課長

時間外・休日労働命令書

（□時間外労働　　□休日労働）

1　時間外・休日労働の月日

　　○○月○○日　（　）

2　業務内容・時間数等

| 氏名 | 業務の内容 | 時間 | 備考 |
|---|---|---|---|
| | | | |
| | | | |
| | | | |
| | | | |
| | | | |

以上

○その3

```
                                          ○○年○○月○○日
  課員各位
                                              ○○課長
                     時間外・休日労働命令書
                   （○○月○○日～○○月○○日）
    1   対象者と時間数
```

| 月日 | 曜日 | （氏名） | （氏名） | （氏名） | （氏名） | （氏名） |
|------|------|--------|--------|--------|--------|--------|
|      | 月   |        |        |        |        |        |
|      | 火   |        |        |        |        |        |
|      | 水   |        |        |        |        |        |
|      | 木   |        |        |        |        |        |
|      | 金   |        |        |        |        |        |
|      | 土   |        |        |        |        |        |
|      | 日   |        |        |        |        |        |

```
    2   業務内容   ○○業務
                                                  以上
```

## 3　人事部門への報告

　人事部門は、会社全体として残業が適正に行われているかを管理監督する責任を負っている。この目的を達成するため、各部門に対し、残業の実績を人事部門に報告させるのがよい。

　報告の頻度には、

　・その都度、報告させる

　・1週に1度、報告させる

　・毎月報告させる

などがある。

## 様式例３－３　人事部門への時間外労働報告

○その１（日報）

```
                                          ○○年○○月○○日
  人事課長殿
                                               ○○課長
                     時間外・休日労働報告
                   （□時間外労働    □休日労働）
  1   時間外・休日労働をさせた月日
      ○○月○○日（  ）
  2   業務内容　○○業務
  3   個人別時間数
```

| 氏名 | 時間数 | 備考 |
|---|---|---|
|  |  |  |
|  |  |  |
|  |  |  |
|  |  |  |
|  |  |  |

以上

○その２（週報）

```
                                          ○○年○○月○○日
  人事課長殿
                                               ○○課長
                     時間外・休日労働報告
                  （○○月○○日～○○月○○日）
  1   業務内容　○○業務
  2   個人別時間数
```

| 氏名 | 時間外労働 | 休日労働 | 備考 |
|---|---|---|---|
|  |  |  |  |
|  |  |  |  |
|  |  |  |  |
|  |  |  |  |
|  |  |  |  |

以上

# 4 役職者への注意喚起と残業代の計算

## (1) 役職者への注意

人事部門は、現場の役職者から提出される「時間外労働報告書」によって、残業（時間外労働）が労使協定を遵守して適正に行われているかをチェックする。

チェックの結果、「このままのペースで残業を命令すると、労使協定で定めた1か月の上限時間を超える恐れがある」と判断されたときは、その部門の役職者に対して、注意を促す。

また、ある部門において「1年の時間外労働の上限は720時間」という労使協定に抵触する社員の出る可能性があるときは、その部門の役職者に「○○さんの時間外労働は720時間に近づいているので、十分気を付けるように」と指示する。

## (2) 残業代等の計算

労働基準法は、「時間外労働、深夜労働および休日労働に対しては割増賃金を支払わなければならない」と定めている。割増率は、次のとおりである。

　　　時間外労働➡25％（ただし、60時間超については、50％）
　　　深夜労働➡25％
　　　休日労働➡35％

一般の社員の場合、深夜労働は、時間外労働が深夜に及ぶという形で行われることが多いが、時間外労働が深夜に及んだ場合の割増率は50％（時間外25、深夜25％）である。

また、休日労働が深夜に及んだ場合の割増率は60％（休日35％、深夜25％である。

人事部門は、各部門からの報告に基づいて、残業代等の計算を行う。

**様式例３－４　残業代等の計算書**

時間外労働手当等の計算書（○○年○○月）

1　時間外労働手当等の計算の基礎給与

|  | （氏名） | （氏名） | （氏名） | （氏名） |
|---|---|---|---|---|
| 基本給 |  |  |  |  |
| ○○手当 |  |  |  |  |
| ○○手当 |  |  |  |  |
| ○○手当 |  |  |  |  |
| 計 |  |  |  |  |

2　時間外労働時間等

| 時間外労働時間 |  |  |  |  |
|---|---|---|---|---|
| 深夜労働時間 |  |  |  |  |
| 休日労働時間 |  |  |  |  |

3　時間外労働手当等

| 時間外労働手当 |  |  |  |  |
|---|---|---|---|---|
| 深夜労働手当 |  |  |  |  |
| 休日労働手当 |  |  |  |  |
| 計 |  |  |  |  |

（注）時間外労働手当等の計算のための基礎給与には、家族手当、通勤手当、別居手当、賞与等は含まない。

## 5　残業の取扱規程の作成と規程例

　残業（時間外労働）については、「社員の健康を守る」という観点から、労働基準法によって一定の規制が行われている。会社の意思で自由に行えるわけではない。

　残業を、労働基準法の規定を遵守して適正に行うため、その取扱基

準を「社内規程」という形で取りまとめることが望ましい。

　規程例を示すと、次のとおりである。


〈時間外労働取扱規程例〉

○その1　（標準的な規程）


時間外労働取扱規程

（総則）

第1条　この規程は、時間外労働（休日労働を含む。以下、同じ）の
　取り扱いについて定める。

（法令との関係）

第2条　時間外労働についてこの規程に定めのない事項は、労働基準
　法の定めるところによる。

（労使協定の締結・届出）

第3条　会社は、毎年度、時間外労働について労働基準法の定めると
　ころにより労使協定を締結し、これを労働基準監督署に届け出る。

（所管）

第4条　次の事項は、人事課の所管とし、その責任者は人事課長とす
　る。

　(1)　労使協定の内容案の決定

　(2)　労使交渉と労使協定の締結

　(3)　労使協定の労働基準監督署への届出

（協定の内容の決定基準）

第5条　人事課長は、労使協定の内容（時間外労働をさせる社員の範
　囲、時間外労働の時間数その他）の立案にあたっては、次の事項を
　十分に踏まえなければならない。

　(1)　経営計画

　(2)　各部門の業務計画

（3） 各部門の在籍社員数

（4） 前年度の時間外労働の実績

（5） その他

（各課長への通知）

第6条　人事課長は、労働組合との間において労使協定を締結したときは、各課長に対して、その内容を通知しなければならない。

（時間外労働の命令）

第7条　各課長は、労使協定の範囲内において、課員に対して時間外労働を命令することができる。

（時間外労働の上限規制の遵守）

第8条　各課長は、時間外労働について、次の事項に十分注意をしなければならない。

（1） 1か月における時間外労働および休日労働の時間は100時間未満とすること

（2） 連続する2か月、3か月、4か月、5か月および6か月のいずれの期間においても、時間外労働および休日労働の1か月当たりの平均時間を80時間以内とすること

（3） 1年における時間外労働の時間は720時間以内とすること

（4） 45時間を超える月数は、1年について6か月以内とすること

（育児・介護をする者から請求があったとき）

第9条　各課長は、次のいずれかに該当する者から請求が出されたときは、1か月24時間、1年150時間を超えて時間外労働を命令してはならない。ただし、業務に著しい支障が出る恐れがあるときは、この限りではない。

（1） 小学校入学前の子を養育する者

（2） 家族を介護する者

（人事課長への報告）

第10条　各課長は、毎週、課員に対する時間外労働の命令の実績を人

事課長に報告しなければならない。

（注意喚起）

第11条　人事課長は、労働基準法に定める時間外労働の上限規制に抵触する社員の出る危険性が生じたときは、その社員の上司の課長に対し、注意を喚起するものとする。

（判断に迷うとき）

第12条　各課長は、時間外労働の取り扱いについて判断に迷うときは、必ず人事課長に意見を求めなければならない。

（課長への回答）

第13条　人事課長は、前条に定めるところによって意見を求められたときは、できる限り速やかに意見を述べるものとする。

（時間外労働の記録）

第14条　人事課長は、全社員について、時間外労働の記録を整備しておくものとする。

（付則）

この規程は、〇〇年〇〇月〇〇日から施行する。


〇その2　（役職者の心得に絞ったもの）


時間外労働取扱規程

（総則）

第1条　この規程は、時間外労働および休日労働（以下、単に「時間外労働」という。）の取り扱いを定めたものである。

2　役職者は、この規程を遵守して時間外労働を取り扱わなければならない。

（時間外労働の命令）

第2条　役職者は、業務上必要であるときは、部下に対して時間外労働を命令することができる。

（時間外労働の時間数）

第3条　時間外労働の時間数は、労使協定で定められた範囲内とする。労使協定で定められた時間を超えて、命令してはならない。

（時間外労働の命令に当たっての留意事項）

第4条　役職者は、時間外労働の命令に当たっては、次の事項に留意するものとする。

(1)　時間外労働の命令は、その前日までに行うように努めること

(2)　対象者および時間数は、業務の内容および業務の量をよく勘案して決定すること

(3)　時間外労働が1時間以上に及ぶことが見込まれるときは、終業時刻と時間外労働の開始時刻との間に10分程度の休憩を設けること

(4)　時間外労働が2時間以上に及ぶときは、適宜休憩を与えること

(5)　深夜に及ばないようにすること

(6)　深夜に及ぶ時間外労働が連続しないように努めること

(7)　1か月の時間外労働が20時間を超えた者に対して、代休または年休を取得するように勧めること

(8)　次のいずれかに該当する者に、十分配慮すること

　　　①　小学校入学前の子を養育する者

　　　②　家族の介護を行う者

(9)　時間外労働が特定の者に集中しないようにすること

（時間外労働の記録）

第5条　役職者は、部下に時間外労働を命令したときは、次の事項を正確に記録しておかなければならない。

(1)　氏名

(2)　日にち

(3)　時間数

(4)　業務の内容

（人事課への報告）

第6条　役職者は、毎週1回、部下に対する時間外労働の命令の実績
　　を人事課に報告しなければならない。

（判断に迷うとき）

第7条　役職者は、時間外労働の取り扱いについて判断に迷うとき
　　は、必ず人事課長に意見を求めなければならない。

（時間外労働の短縮）

第8条　役職者は、時間外労働を少しでも短縮するように努めなけれ
　　ばならない。

（付則）

この規程は、○○年○○月○○日から施行する。

## 6　残業の自己申告制の取り扱い

### ⑴　自己申告制の趣旨

　残業については、会社が業務上の必要性（業務の量、業務の緊急
性）に応じて、社員に対して「納期に間に合わせるため、○時間時間
外労働をしてほしい」「大量の注文が来たので、○時間残業を命令す
る」という形で命令するのが本来の姿である。

　ところが、仕事の進め方や手段の選択について、社員の裁量性の大
きい仕事（例えば、営業、会計・経理、企画、システムの分析・設計、
市場調査、研究開発等）の場合には、会社の方で「○時間の残業を命
令する」という方法を採用するのが困難である。残業時間を指示命令
すると、仕事の質を低下させたり、社員のモチベーション（意欲）を
阻害したりする可能性がある。

　社員の裁量性の大きい仕事の場合には、

　　・残業をするか、しないか

　　・残業をする場合は、何時間するか

の決定を本人に委ねざるを得ない。本人の決定に委ねなければ、仕事

はうまく進まない。

　このような仕事の場合には、仕事の遂行について、担当者に大きな裁量権を認め、「いつ、何時間、時間外労働をしたか」を本人自身に申告させるほうが合理的・現実的であるといえる。

## (2)　労使協定の内容の周知

　残業について担当者に大きな権限を与えることは、業務を効率的に進めるうえで効果的であるが、その反面、労使協定で定めた上限を超えて残業をする可能性がある。例えば、労使協定で残業の上限を「1日3時間、1か月60時間」と定めているのに、「業務目標を達成したい」「業務目標を達成しなければならない」という強い思いから、1日3時間を超えて残業をしたり、あるいは、1か月60時間をオーバーして残業をしたりする。

　労使協定で定められた時間を超えて残業をするのは、労働基準法違反である。このようなケースが生じ、労働基準監督署から法令違反を指摘されたときに、「労使協定超の残業は、社員の個人的な判断によるもので、会社が指示したものではない」と釈明しても通用しない。「労使協定超の残業は、会社の指示によって行われたもの」と認定される。

　労使協定超という法令違反の発生を防止するため、

①　残業の自己申告制の対象社員に対して、労使協定の内容を周知
　　徹底する

②　労使協定を超えて残業をしないように求める

という措置を講ずるのがよい。

**様式例3−5　残業の自己申告制対象社員への通知**

○○年○○月○○日

社員各位

人事課長

○○年度の時間外労働・休日労働について

　会社は、このほど労働基準法の定めるところにより、社員代表者との間において、○○年度の時間外労働・休日労働について、協定を結び、これを労働基準監督署に届けました。協定の内容は、次のとおりです。

　業務の必要により時間外労働・休日労働をするときは、協定の範囲内で行うよう、お願いします。

1　時間外労働

|  | ○○業務 | ○○業務 | ○○業務 | ○○業務 |
|---|---|---|---|---|
| 1日の時間外労働時間数 |  |  |  |  |
| 1か月の時間外労働時間数 |  |  |  |  |
| 1年の時間外労働時間数 |  |  |  |  |
| 備考 |  |  |  |  |

2　休日労働

|  | ○○業務 | ○○業務 | ○○業務 | ○○業務 |
|---|---|---|---|---|
| 1か月の休日労働の日数 |  |  |  |  |
| 休日労働の時間 |  |  |  |  |
| 備考 |  |  |  |  |

（注）時間外労働とは、1日8時間を超える勤務をいい、休日労働とは、日曜の勤務をいう。土曜の勤務は、時間外労働になる。

## ⑶　所属長への残業の報告

　会社は、社員一人ひとりについて、日々の労働時間を把握する義務がある。また、当然のことではあるが、残業に対しては、割増賃金を支払うべき義務もある。このため、自己申告制の対象社員に対して、

残業の実績を定期的に報告させる。

　所属長は、部下が申告した内容をチェックする。そして、もしも、「時間外労働が上限規制に抵触する恐れがある」と判断したときは、その社員に対して、「上限規制に抵触する恐れがあるので、時間外労働を抑制するように・・・」と指示する。

## 様式例３－６　所属長への時間外労働報告

○その１　（日報）

| | ○○年○○月○○日 |
|---|---|
| 所属長殿 | |
| | ○○○○印 |

時間外・休日労働報告

（□時間外労働　　□休日労働）

| 月日 | ○○月○○日　（　） |
|---|---|
| 時間 | ○○時○○分～○○時○○分 |
| 業務内容 | |
| 備考 | |

以上

（注）「休日労働」とは、日曜の労働をいう。土曜休日の労働は、時間外労働として取り扱う。

○その2（週報）

○○年○○月○○日

所属長殿

○○○○印

### 時間外・休日労働報告
(○○月○○日～○○月○○日)

1　業務の内容　○○業務

2　時間数

| 日 | 曜日 | 時間外労働 | 休日労働 | 備考 |
|---|---|---|---|---|
|  | 月 |  |  |  |
|  | 火 |  |  |  |
|  | 水 |  |  |  |
|  | 木 |  |  |  |
|  | 金 |  |  |  |
|  | 土 |  |  |  |
|  | 日 |  |  |  |
| 計 | ＊＊ |  |  |  |

以上

(注)「休日労働」とは、日曜の労働をいう。土曜休日の労働は、時間外労働として取り扱う。

## (4)　自己申告制の留意点

### ①　自己申告制の効果と問題点

残業の自己申告制は、

・役職者の時間管理の負担を軽減できる

・社員本人の時間意識を高められる

などの効果が期待できる。

しかし、その一方において、「社員が実際の残業時間よりも少ない

時間を申告する傾向がみられる」という問題点のあることが指摘されている。例えば、実際には、1か月30時間程度残業したにもかかわらず、会社や上司に遠慮して「25時間」と申告する。

申告時間が実際の残業時間を下回ると、結果的に「残業代の不払い」という問題が生じる。例えば、実際の残業時間が30時間であるのに申告時間が25時間である場合、その25時間に対してのみ残業代が支払われる。その結果、差額の5時間分の残業代が不払いとなる。残業代の不払いは、労働基準法違反である。

残業時間の自己申告制を採用するときは、対象社員に対して、「残業時間を正確に申告すること」を周知徹底しなければならない。

② 厚生労働省のガイドライン

厚生労働省は、残業の自己申告制の運用について、ガイドラインを示している。

ガイドラインは、「使用者は、自己申告制を実施するときは、社員が申告した残業時間と実際の残業時間との間に乖離がないかどうかを適宜タイムカード等の客観的な記録によってチェックし、必要な場合には、申告時間を補正すること」としている。

**〈残業の自己申告制について使用者が講ずべき措置〉**

| |
|---|
| ① 正確な時間を申告するよう、労働者を指導すること。 |
| ② 自己申告により把握した労働時間と、入退場記録やパソコンの使用時間等から把握した在社時間との間に著しい乖離がある場合には、実態調査を実施し、所要の労働時間の補正を行うこと。 |
| ③ 申告できる時間について、上限を設けないこと。 |

(注)「労働時間の適正な把握のために使用者が講ずべき措置に関するガイドライン」

# 第4章

# 長時間残業社員の健康対策

## 1　長時間残業と健康

### (1)　残業の健康への影響

　限られた社員数で経営を安定的・効率的に運営していくうえで、残業は必要不可欠である。しかし、毎日のように数時間に及ぶ残業が行われ、帰宅が深夜になるというのは、問題である。

　長時間労働・長時間残業は、

- ・個人の自由な時間を楽しめない
- ・趣味、娯楽、スポーツ、付き合いを楽しめない
- ・家族との団欒の時間がなくなる
- ・育児の時間を確保できなくなる
- ・疲労が蓄積し、仕事への集中力が低下する
- ・仕事上の事故（労働災害）を誘発する

など、さまざまな問題を発生させる。

　なかでも、本人の心身に大きな負担を与え、健康を損なう可能性・危険性を増大させるという問題は深刻である。

　実際、「長時間残業によって健康を害し、休職・退職に追い込まれる者が少なくない。中には、「死」に至るケースもある。マスコミでしばしば過労死が報道されるが、過労死ほど悲惨なものはない。

長時間残業社員に対する健康確保対策の重要性は、いくら強調して
も強調しすぎることはないであろう。

## (2)　健康対策を労使で協定する

　労働基準法は、長時間残業を防止するために、残業について「限度
時間」を定めている。限度時間は、1か月45時間、1年360時間である。
　しかし、「特別条項付きの時間外労働協定（36協定）」を締結すれ
ば、限度時間を超えて、

　・1か月100時間未満（休日労働を含む）
　・1年720時間

まで、残業させることを認めている。
　この特別条項付きの労使協定においては、「限度時間を超えて労働
させる労働者に対する健康・福祉対策」を協定することが必要である。
　健康・福祉対策は、図表に示すとおりである。会社は、これらのう
ち、いずれか1つを講ずることが必要である。

**図表4－1　限度時間を超えて労働させる労働者の健康・福祉対策**

| |
|---|
| 1　労働時間が一定時間を超えた労働者に医師による面接指導を実施すること。 |
| 2　深夜に労働させる回数を1か月について一定回数以内とすること。 |
| 3　終業から始業までに一定時間以上の継続した休息時間を確保すること。 |
| 4　労働者の勤務状況およびその健康状態に応じて、代償休日または特別休暇を付与すること。 |
| 5　労働者の勤務状況およびその健康状態に応じて、健康診断を実施すること。 |
| 6　年次有給休暇について、まとまった日数連続して取得することを含めて、その取得を促進すること。 |
| 7　心とからだの健康問題についての相談窓口を設置すること。 |
| 8　労働者の勤務状況およびその健康状態に配慮し、必要な場合には適切な部署に配置転換をすること。 |
| 9　必要に応じて、産業医等による助言・指導を受け、または労働者に産業医等により保健指導を受けさせること。 |
| 10　その他 |

（注）労働基準法施行規則第17条第1項による。

## 2　長時間残業社員の健康対策

### (1)　年休の取得奨励・付与

#### ①　年休の取得奨励

　社員は、適当に年休を取得し、労働に伴う心身の疲労を回復することが望ましい。仕事から離れ、自宅などで1日のんびりと過ごすことにより、疲労の回復が図られる。年休の取得は、長時間残業社員の健康対策として効果的である。

　仕事が忙しいときは、年休を取得しにくい。また、年休を取得すれば、その分だけ仕事が停滞し、出勤後の仕事がさらに忙しくなるという事情もある。しかし、年休も満足に取得せずに、何日も連続して働

くのは、異常である。

　このため、長時間残業社員に対して、年休の取得を奨励する。できれば、２日以上連続して取得することを勧める。

　「疲労を取り除くために年休を取得するように」と勧めたときに、本人から「疲れていないので、年休を取る必要はありません」という返答がある可能性もある。このような場合には、健康管理の重要性を繰り返し強調して説得すべきである。

　②　年休の時季指定付与

　労働基準法は、「使用者は、年休の日数が10日以上の労働者について、そのうちの５日については時季を指定して与えなければならない。ただし、労働者が時季を指定して取得した日数、または計画的に付与した日数があるときは、その日数を控除する」と定めている。

　そこで、長時間残業社員のうち、年休の取得日数が５日未満の者に対しては、日にちを指定して強制的に年休を与え、疲労の回復を図らせる。

**様式例４－１　年休の時季指定付与の通知**

○○年○○月○○日

○○課○○○○殿

○○課長
人事課長

年次有給休暇の付与について（お知らせ）

次のとおり年休を付与する。

| | 月日 | 備考 |
|---|---|---|
| １日目 | | |
| ２日目 | | |
| ３日目 | | |
| ４日目 | | |
| ５日目 | | |

以上

### ③　代休の取得奨励

　休日出勤をしたとき、あるいは残業時間が一定時間に達したときなどに、その代償として休日を与えることを代休という。代休を取得することも、疲労の回復に通じる。このため、代休を取得するよう、奨励する。

### ④　特別慰労休暇の付与

　長時間残業は、業務がきわめて忙しく、他に代わるべき社員がいないときに、結果的に生じるのが一般的でああろう。

　このような事情に配慮し、長時間残業の代償として、特別に慰労のための休暇を付与することも考えられる。日数は、2〜5日程度とし、本人に決めさせる。給与は、有給扱いとする。

**〈特別慰労休暇の実施基準〉**

特別慰労休暇実施基準

1　目的
　時間外労働が長時間に及んだ者の健康を確保すること。
2　休暇の対象者
　1か月の時間外労働と休日労働の合計時間が○時間以上になった者
3　休暇の日数
　5日以内（原則として連続して取得する）
4　給与の取り扱い
　有給扱いとする。
5　取得の期限
　2の条件を満たした日から1か月以内
6　取得の手続き
　会社に届出書を提出する。
　　　　　　　　　　　　　　　　　　　　　　　　　　　　以上

## 様式例４−２　特別慰労休暇届

<table>
<tr><td colspan="2" style="text-align:right">○○年○○月○○日</td></tr>
<tr><td>取締役社長殿</td><td style="text-align:right">○○課○○○○印</td></tr>
<tr><td colspan="2" style="text-align:center">特別慰労休暇届</td></tr>
<tr><td>月日</td><td>○○月○○日（　）〜○○月○○日（　）</td></tr>
<tr><td>備考</td><td></td></tr>
<tr><td colspan="2" style="text-align:right">以上</td></tr>
</table>

### (2)　深夜労働・休日労働の抑制

#### ①　深夜労働の抑制

一般の社員の場合、深夜労働（午後10時以降の労働）は、時間外労働が深夜にずれ込むという形で行われる。

深夜に及ぶ時間外労働は、心身に大きな負担を与える。仕事が午後５時、あるいは午後６時に終わらず、深夜に及ぶのは、過酷である。家に帰る時間がそれだけ遅くなるので、休息の時間も少なくなる。

１か月の時間外労働が長時間に及んだ者に対して、さらに深夜労働を強いるのは、常識的に判断しても問題と言わざるを得ない。

長時間残業社員の健康を守るため、

・深夜労働の回数を制限する

・深夜労働を禁止する

などの措置を講ずる。

#### ②　休日労働の抑制

労働基準法は「使用者は、労働者に少なくとも週に１日の休日を与えなければならない」と定めている。

休日は、本来的に、労働に伴う疲労を回復するとともに、個人の生活を享受するためのものである。その休日に働くと、平日の労働の疲

労が回復できないのみならず、さらに疲労が蓄積され、健康に良くない影響を与える。

　長時間残業社員の健康を守るためには、休日労働を抑制する必要がある。このため、

　　・休日労働の回数を制限する

　　・休日労働を禁止する

などの措置を講ずる。

　なお、土日を休日とする週休二日制を採用している会社の場合、抑制措置の対象としては、

　　・土曜と日曜の双方を対象とする

　　・日曜のみを対象とする

の２つがある。


## (3)　遅出・早退の容認と勤務間インターバル

### ①　遅出・早退の容認

　深夜まで残業をしたうえに翌日も定時（始業時刻）から定時（終業時刻）まで働くのは負担が重い。１日だけであれば耐えることができるが、それが数日も続くと忍耐の限界を超える。心身の健康にも、良くない。

　そこで、深夜まで残業をした者について、

　　・翌日、始業時刻後に出勤することを容認する

　　・翌日、終業時刻前に退勤することを容認する

などの措置を講ずる。

　この場合、遅出または早退に伴う不就業時間については、給与の控除は行わない。例えば、始業時刻より１時間遅く出勤しても、その１時間について給与を控除しないものとする。

### ②　勤務間インターバル

　夜遅くまで残業をして帰宅し、翌朝も早く家を出て会社に向かい定

時から仕事を始めるというのは、大変きつい。ストレスも貯まる。ストレスの解消、疲労の回復、健康の維持という観点からすると、終業時刻と始業時刻との間に一定の間隔（インターバル）を置くことが望ましい。

　終業時刻と翌日の始業時刻との間に、休息のための間隔時間を設けるという制度を「勤務間インターバル」という。例えば、夜10時まで残業した者について、12時間のインターバルを確保し、翌日10時に出勤することを認める。

　勤務間インターバルは、残業の多い社員の健康を維持するうえで効果的な制度といえる。

**図表４－２　勤務間インターバルの例（12時間インターバル）**

> 夜９時まで残業をしたとき➡翌日９時に出勤できる
> 夜10時まで残業をしたとき➡翌日10時に出勤できる
> 夜11時まで残業をしたとき➡翌日11時に出勤できる
> 夜12時まで残業をしたとき➡翌日12時に出勤できる

**〈勤務間インターバルの実施基準例〉**

勤務間インターバル実施基準

> 1　目的
> 　時間外労働をした者の健康を確保すること
> 2　適用対象者
> 　全社員
> 3　制度利用の条件
> 　時間外労働が夜９時以降に及んだとき
> 4　インターバル時間は、12時間とする。
> 　（例）夜９時まで残業をしたとき➡翌日９時に出勤できる
> 5　不就業時間の取り扱い
> 　始業時刻から出勤時間までの時間については、不就業扱いとしない。したがって、給与の控除は行わない。
>
> 以上

⑷　健康診断・面接指導

①　健康診断

長時間残業社員に対して、健康診断を受けさせる。

健康診断の受診機関については、

・会社が指定する

・本人が希望する医療機関とする

の２つがある。

健康診断の費用については、その全額または相当部分を会社が負担することが望ましい。

②　面接指導

医師による面接指導を受けさせる。

面接指導の結果、医師から会社に対して、勤務時間の短縮その他の措置が必要であるとの意見が出されたときは、一定の措置を講ずる。

〈健康診断・面接指導の実施基準例〉

---

時間外労働が長時間に及んだ社員の健康診断・面接指導の実施基準

1　目的

　時間外労働等が長時間に及んだ社員の健康を確保すること。

2　対象者

　全社員

3　健康診断・面接指導の実施対象者

　1か月の時間外労働と休日労働の合計時間が〇時間を超えた者

4　実施手続き

　上記3に該当する者、またはその上司から申出があったとき

5　健康対策の実施

　⑴　健康診断（定期健康診断とは別に実施する）

　⑵　産業医による面接指導

6　その他

　⑴　健康診断・面接指導の時間は、有給扱いとする。

　⑵　健康診断・面接指導の費用は、会社負担とする。

以上

---

⑸　業務負担の軽減等

　①　業務負担の軽減

　担当する業務の量が圧倒的に多いことが長時間残業の原因になっていることが多い。

　長時間残業社員が担当している業務が他の社員でも代替できるときは、その一部を他の社員に代替させ、負担の軽減を図る。

　②　配置転換

　他の部門への配置転換を行う。

図表４－３　長時間残業社員の健康対策（総括表）

| 1　年休の取得奨励・付与 | ①　年休の取得奨励<br>②　年休の時季指定付与<br>③　代休の取得奨励<br>④　特別慰労休暇の付与<br>⑤　その他 |
| --- | --- |
| 2　深夜労働・休日労働の抑制 | ①　深夜労働の回数制限<br>②　深夜労働の禁止<br>③　休日労働の日数制限<br>④　休日労働の禁止<br>⑤　その他 |
| 3　遅出・早退の容認と勤務間インターバル | ①　遅出の容認<br>②　早退の容認<br>③　勤務間インターバル<br>④　その他 |
| 4　健康診断・面接指導 | ①　健康診断<br>②　医師による面接指導<br>③　その他 |
| 5　業務負担軽減その他 | ①　業務負担の軽減<br>②　配置転換<br>③　その他 |

# 3　役職者への通知

## (1)　健康対策についての通知

　役職者は、部下の時間外労働の実態を最もよく知る立場にある。また、部下の健康状態を最もよく知ることができる。

　いくら会社として長時間残業社員に対して健康対策を実施すると決定しても、現場の役職者がその趣旨や内容を正しく理解していないと、その実効性を挙げることは期待できない。

　このため、健康対策の実施を決めたときは、現場の役職者に対して、その趣旨と内容等を通知する。

## 様式例４－３　役職者への健康対策実施の通知

## ○その１

○○年○○月○○日

役職者各位

人事課長

　　　　　長時間残業社員の健康対策について（お知らせ）

　長時間にわたる残業は、心身の健康を損なう恐れがあります。業務が忙しいために残業が長時間に及んだ社員の健康を確保するため、次のように取り扱うこととしました。このことについて、各位のご理解とご協力を求めます。

記

１　対象者

　　１か月の時間外労働時間（休日労働は含まない）が45時間以上に及んだ者

２　健康確保の措置の実施

　　上記に該当する者に対して、次のいずれか１つ以上の措置を講ずること

　　①　年休の取得の奨励（２日以上まとめて取得するように奨励する）

　　②　年休の時季指定による付与

　　③　代休の付与

　　④　深夜労働の禁止

　　⑤　休日労働の禁止

　　⑥　遅出の容認（始業時刻以降に出勤することを特別に認める）

　　⑦　健康診断の受診（会社指定の医療機関）

３　健康確保の措置の実施時期

　　１か月の時間外労働時間が45時間を超えた月の翌月に実施する。

以上

（追記）上記の健康対策を実施したときは、対象者の氏名、対策の内容
　　　　等を人事課に報告すること。

58

○その2

○○年○○月○○日

役職者各位

人事課長

長時間残業社員の健康対策について（お知らせ）

　部門の業務を遂行するうえで時間外労働は必要不可欠です。しかし、長時間にわたる残業は、社員の心身の健康を損なう恐れがあります。社員の心身の健康を確保するため、時間外労働について、次のように取り扱うこととしました。このことについて、各位のご理解とご協力を求めます。

記

1　時間外労働については、必要最小限に留めるように努めること。

2　1か月（1〜末日）の時間外労働が45時間を超えた者に対して、その健康を確保するため、次のいずれか1つ以上の措置を講ずること。

①　年次有給休暇の取得の奨励（できれば、2日以上連続して取得すること）

②　代休の取得の奨励

③　深夜に及ぶ時間外労働は、1か月○回以上は命令しないこと

④　休日労働を命令しないこと

⑤　時間外労働が深夜に及んだときは、終業時刻と翌日の始業時刻との間に12時間の間隔を置くこと

⑥　業務の一部を他の社員に負担させることが可能であるときは、その措置を講ずること

3　本人の健康状態、勤務状況等から判断して、次の対策が必要であると思われるときは、当職に連絡すること。

①　他の部門への配置転換

②　医師による面接指導

③　健康診断

以上

## ⑵　人事部門への実施報告

　人事部門は、各部門が長時間残業社員に対して行った健康対策を把握する責務を負っている。このため、各部門に対して、長時間残業社員について行った健康対策の内容を報告するように求めるのがよい。

　健康対策の実施を各部門に指示するだけで、実施結果についてはいっさい報告を求めないというのは好ましいことではない。

**様式例４－４　人事部門への健康対策実施報告**

〇〇年〇〇月〇〇日

人事課長殿

〇〇課長

長時間残業社員の健康対策の実施について（報告）

長時間残業社員の健康対策を実施したので報告します。

| 対象者氏名 | |
|---|---|
| 時間外労働の時間数 | |
| 健康対策の内容、実施時期等 | |
| 備考 | |

以上

## ⑶　健康対策の重要性の啓発

　現場の役職者（部長・課長・係長等の管理職）は、所管部門の業務目標を達成すべき責任を負っている。「業務目標を達成しなければならない」「目標を達成して経営陣の期待に応えたい」という思いはきわめて強いが、部下への健康の思いは、一般的にはそれほど強いとは言えない。

　このような事情があるため、労働時間はとかく長くなりがちである。

　長時間労働、長時間残業は、健康に好ましくない影響を与える。長

時間労働で社員が健康を損なうことは、本人にとって不本意であるのみならず、会社にとっても損害である。さらに、SNSなどで「ブラック企業」と名指しされる。そのような評判が拡散すると、取引や社員の募集・採用活動に影響する。

　会社としては、役職者に対して「部下の健康を守ることの大切さ」を粘り強く訴え、部下の健康管理に積極的に取り組むことを求めるべきである。

## 4　長時間残業社員の健康対策規程の作成と規程例

### (1)　長時間残業社員の健康対策規程の作成

　長時間残業社員の健康を確保するための措置は、会社として制度的・組織的に取り組むことが必要である。役職者の個人的な判断に委ねておけばよい、というような問題ではない。

　長時間残業者に対する健康対策の実施が、限度時間を超えて社員を労働させる場合の労使協定の項目とされているということは、会社として制度的に取り組むことの必要性を意味するものである。

　制度的に取り組むためには、その取扱基準を「社内規程」として整備することが望ましい。健康対策規程を作成し、役職者と社員にその内容を周知することにより、「長時間残業者の健康を守る」という経営姿勢が明確となる。

### (2)　規程の内容

　規程には、主として、次の事項を盛り込むのがよい。

・会社として講ずる健康対策の種類、内容
・健康対策の実施責任者
・健康対策の実施時期

(3) **規程例**

　規程例を示すと、次のとおりである。


〈長時間残業者の健康対策規程例〉

**長時間残業者の健康対策規程**

（目的）

第1条　この規程は、残業（時間外労働）が長時間に及んだ者の健康
　　対策について定める。

（対象者の範囲）

第2条　この規程は、すべての社員に適用する。

（健康対策の実施）

第3条　会社は、残業が1か月45時間を超えた者（以下、「長時間残
　　業者」という）の健康を確保するため、次のうちいずれか1つ以上
　　の措置を講ずる。

　⑴　年休の取得の奨励

　⑵　時季指定による年休の付与（年休の付与日数が10日以上の者）

　⑶　代休の取得の奨励

　⑷　深夜業の日数制限（1か月当たり○日以内）

　⑸　休日労働の日数制限（1か月当たり○日以内）

　⑹　勤務間インターバル（終業から始業まで12時間）

　⑺　健康診断の実施（本人の申出による）

　⑻　業務量の負担軽減

（実施責任者）

第4条　健康対策の実施責任者は、部門長（原則として、長時間残業
　　者が所属する課の課長）とする。

2　部門長は、本人の勤務状況および健康状態等を総合的に判断して
　　対策を決定し、それを確実に実施しなければならない。

（実施期間）

第5条　健康対策は、残業が45時間を超えた月の翌月に実施する。ただし、部門長が必要と認めたときは、翌月以降も継続して実施する。

（人事部門への報告）

第6条　部門長は、毎月1回、健康対策の実施状況を人事部門に報告しなければならない。

（配置転換等の取り扱い）

第7条　部門長は、本人の健康を確保するためには、次のいずれかの対策が必要であると判断したときは、人事部門の長にその旨を申し出て、人事部門の長と対応策を協議するものとする。

(1)　医師による面接指導

(2)　配置転換

（付則）

この規程は、○○年○○月○○日から施行する。

# 第5章

# 残業削減の方策

## 1　ノー残業デー・ノー残業ウィーク

### (1)　ノー残業デー制

#### ①　ノー残業デーの趣旨

会社では、終業時刻までに仕事を終えて退社するのが原則である。残業は、本来的に、通常よりも仕事の量が多いときや、納期の短い仕事を受注したり、あるいは事故やトラブルが発生したりしたときに、臨時的に行われるべきものである。

ところが、仕事の量がそれほど多くないのに、残業が日常的に行われている職場が少なくない。

毎日のように残業をしていると、つい、「今日も少し残業をして帰ろう」という気持ちにとらわれる。

また、毎日のように部下に残業を命令している役職者は、常習的に部下に安易に残業を命令してしまう。

安易に残業に頼る姿勢を改めるには、週に1回程度、残業をしないで定時に退社する制度(ノー残業デー)を設けるのがよい。その日は、たとえ少々仕事が忙しくても、全員定時に退社する。

ノー残業デーは、週の半ばの水曜とするのが現実的である。

**様式例5-1　ノー残業デー制実施の通知**

　　　　　　　　　　　　　　　　　　　○○年○○月○○日

社員の皆さんへ

　　　　　　　　　　　　　　　　　取締役社長○○○○
　　　　　ノー残業デー制の実施について（お知らせ）
　残業を削減し、社員の健康を維持するため、次の措置を講ずることと
しました。このことについて、皆さんのご理解とご協力を求めます。
1　毎週水曜日を「ノー残業デー」とし、全員定時に退社する。
2　商品トラブルへの対応その他のやむを得ない事情により残業をする
　必要があるときは、あらかじめ人事部長の許可を得ること。
3　この措置は、○○年○○月○○日（水）から実施する。

　　　　　　　　　　　　　　　　　　　　　　　　　　以上

② 　当日の残業は認めない

　ノー残業デー制度を導入した会社について、その経過を見ると、当
日に「仕事が忙しいので残業を特別に認めてほしい」と人事部に申し
出る者が多いことが分かる。はじめから全社員が制度に全面的に協力
し、制度が順調に定着したというケースは少ない。

　「残業を認めてほしい」という申出を安易に認めると、特別扱いを
申し出る者が次第に増え、制度が形骸化する可能性が高い。

　ノー残業デー制度を定着させるには、「当日の残業は、特別の事情
がない限り原則として容認しない」という強い姿勢を取ると同時に、

　・当日の朝、社内放送等で「今日はノー残業デーです」と呼びかけ
　　る

　・当日の終業時刻後、人事部員または部の代表者が各職場を巡回し
　　て、仕事をしている者がいないかを確認する。いた場合には、退
　　社を促す

　・照明、冷暖房の電源を止める

などの措置を講ずるとよい。

### ③ 定着の具合をチェックする

ノー残業デー制度を実施たときは、当分の期間、「当日の残業を申し出た者が何人いたか」「当日残業をした者が何人いたか」を集計し、制度が順調に推移しているかを確認するのがよい。

もしも当日の残業社員が多いときは、あらためて制度への協力を強く呼びかけるなどの対策を講ずる。

**様式例５－２　ノー残業デー当日の残業社員数**

|  | ○○部 | ○○部 | ○○部 | ○○部 | ○○部 | 備考 |
|---|---|---|---|---|---|---|
| ○月○日 |  |  |  |  |  |  |
| ○月○日 |  |  |  |  |  |  |
| ○月○日 |  |  |  |  |  |  |
| ○月○日 |  |  |  |  |  |  |
| ○月○日 |  |  |  |  |  |  |

## (2) ノー残業ウィーク制

### ① ノー残業ウィーク制の趣旨

社員の中には、定時に退社するのをためらう者がいる。また、定時にすぐに帰り支度をするのが悪いことであるかのような雰囲気が形成されている職場がある。そのような状況では、残業の削減は難しい。

残業の削減を確実に推進するためには、社員一人ひとりが「仕事が多いときは残業し、それほど多くないときは定時に退社する」という意識を持つと同時に、職場全体に「働くときは働き、休むときは休む」という空気が形成されることが重要である。

そのような個人・職場の意識変革のためには、毎月、残業をしないで定時に退社する週を設けるのが効果的であるという意見がある。

ノー残業ウィークは、毎月、原則として全員が定時にオフィスを退

室するという制度である。

**様式例５－３　ノー残業ウィーク制実施の通知**

〇〇年〇〇月〇〇日

社員の皆さんへ

取締役社長〇〇〇〇

ノー残業ウィーク制の実施について（お知らせ）

　残業を削減し、社員の健康を維持するため、次の措置を講ずることとしました。このことについて、皆さんのご理解とご協力を求めます。

1　毎月第２月曜日から始まる週を「ノー残業ウィーク」とし、全員定時に退社する。

2　当日やむを得ない事情により残業をする必要があるときは、あらかじめ人事部長の許可を得ること。

3　この措置は、〇〇年〇〇月〇〇日（月）から実施する。

以上

② **実施上のポイント**

　この制度を成功させるためには、会社として（あるいは、トップが）「その週の残業は原則禁止する」という強い姿勢を持つことが必要である。「忙しいので残業をしたい」という希望を安易に認めると、「自分も残業をしたい」と申し出る者が続出し、制度はすぐに形骸化してしまう。

## 2　深夜残業・休日勤務の抑制

### (1)　深夜残業の抑制

#### ①　深夜残業の問題点

　一般に、残業は、午後５時、６時の終業時刻から始まる。１時間、２時間で終わることもあれば、深夜（午後10時以降）に及ぶこともある。

深夜の残業が、心身に大きな負担を与えることは当然である。それだけ帰宅時間が遅くなるわけであるから、睡眠時間も思うように取れず、疲労が解消しない。疲労を抱えたままの状態で翌日も定時に出勤するのは大変なことである。

深夜にわたる残業は、残業の長時間化に拍車をかけるのみならず、健康にも好ましくない影響を与える。

残業の削減および社員の健康維持のためには、深夜残業（午後10時以降におよぶ残業）について抑制措置を講ずるのがよい。

② **抑制措置の内容**

抑制措置としては、

・1か月の回数を制限する

・年間を通して全面的に禁止する

・繁忙期（3月、12月）を除いて禁止する

などがある。

**様式例5－4　深夜残業の回数制限の通知**

> ○○年○○月○○日
>
> 社員の皆さんへ
>
> 　　　　　　　　　　　　　　　　　　取締役社長○○○○
> 　　　　深夜残業の回数制限について（お知らせ）
> 　残業を削減し、社員の健康を維持するため、次の措置を講ずることとしました。このことについて、皆さんのご理解とご協力を求めます。
> 1　午後10時以降に及ぶ残業を1か月（1～月末）につき5回以下とする。
> 2　商品トラブルへの対応その他のやむを得ない事情により、5回を超えて深夜残業をするする必要があるときは、あらかじめ人事部長の許可を得ること。
> 3　この措置は、○○年○○月○○日から実施する。
> 　　　　　　　　　　　　　　　　　　　　　　　　以上

## 様式例５－５　深夜残業許可願い

```
                                          ○○年○○月○○日
人事部長殿

                                     ○○部○○課○○○○印
                     深夜残業の許可願い
```

| 深夜残業をする日 |  |
|---|---|
| 深夜残業の時間 |  |
| 深夜残業の業務 |  |
| 備考 |  |

以上

### (2)　休日勤務の抑制

#### ①　休日勤務の問題点

　１日８時間・週40時間という労働基準法の下で、週休二日制が一般化している。

　仕事がきわめて忙しいときは、休日も出勤して働かざるを得ない。しかし、平日に残業をした上に、さらに土曜・日曜も働くのは、心身に大きな負担を与える。また、「休日も満足に休めない」という思いに駆られる。

　平日の残業に加えて休日の勤務が続くという状態が長くなると、心身の疲労が重なって健康を損なう可能性が高くなる。

　他の人が家族でスポーツや行楽を楽しんでいる光景を横目に見ながら会社へ向かうのは気が重いものである。

　残業の削減、心身の健康の維持のためには、休日勤務について一定の抑制措置を講ずることが望ましい。

#### ②　抑制措置の内容

　抑制措置としては、

・１か月の日数を制限する

・土曜勤務のみ認め、日曜勤務は認めない（土曜勤務のみ命令し、
　日曜勤務は命令しない）

・日曜勤務の日数を制限する

などがある。。

## 様式例５−６　休日勤務の日数制限の通知

○○年○○月○○日

社員の皆さんへ

取締役社長○○○○

休日勤務の日数制限について（お知らせ）

　残業を削減し、社員の健康を維持するため、次の措置を講ずることと
しました。このことについて、皆さんのご理解とご協力を求めます。

1　休日（土曜・日曜）勤務の日数を１か月（１〜月末）につき５日以
　下とする。

2　やむを得ない事情により５日を超えて休日勤務をするする必要があ
　るときは、あらかじめ人事部長の許可を得ること。

3　この措置は、○○年○○月○○日から実施する。

以上

## 様式例５−７　休日勤務の許可願い

○○年○○月○○日

人事部長殿

○○部○○課○○○○印

休日勤務の許可願い

| 休日勤務をする日 | |
|---|---|
| 休日勤務の時間 | |
| 休日勤務の業務 | |
| 備考 | |

以上

## 3　1か月の残業の上限設定

### ⑴　上限目標設定の趣旨

　労働基準法は、残業（時間外労働）について「限度時間」（原則時間）を設けている。限度時間は、1か月45時間、1年360時間である。労働基準監督署は、限度時間の枠の中で時間外労働の労使協定（36協定）を結ぶように会社を指導している。

　これを受けて、労使協定で残業の上限を「1か月45時間」と定めている会社が多い。

　労使協定で残業を1か月45時間と定めると、「1か月45時間まで部下に残業を命令できる」と受け止める役職者が多い。また、残業の決定を社員本人に委ねている会社では、「45時間まで残業をしても差し支えない」と考える者が多い。

　確かにそのとおりであるが、役職者も社員も「45時間」を上限と考え、安易に残業をしていたのでは、残業の削減はなかなか進まない。

　残業を減らすためには、労働基準法の限度時間を下回る「上限目標」を設定し、それを超えない形で業務を遂行することが望ましい。

### ⑵　上限時間の決め方

#### ①　全社一律と部門別

　上限時間目標の設定方式には、

・全社一律で設定する

・部門ごとに設定する

などがある。

　部門によって1か月平均の残業に差異があるときは、部門単位で設定するのが合理的である。

**図表5−1　上限時間の設定例**

|  | 例 |
|---|---|
| 全社一律 | ○時間 |
| 部門別方式 | ○○部＝○時間<br>○○部＝○時間<br>○○部＝○時間<br>○○部＝○時間 |

②　年間同一方式と時季別方式

上限目標の数値については、

・年間を通して同時間とする

・通常期と繁忙期とに区分して設定する

などがある。

**図表5−2　上限時間の設定例**

|  | 例 |
|---|---|
| 年間同一 | ○時間 |
| 通常期・繁忙期別方式 | 繁忙期（○月〜○月）＝○時間<br>上記以外の月＝○時間 |

⑶　社員への通知と結果の公表

①　社員への通知

　残業の上限目標制は、社員に対して残業について一定の目安時間を示し、その上限を超えない範囲において業務を計画的に遂行することを求めるものである。ただ単に「残業を少しでも短くするように努力してくれ」と言うものではない。したがって、残業削減への動きを一歩前へ進めるうえで効果的である。

　この制度を実施するときは、社員に対して上限時間（目安時間）を

示して、その枠の中で業務を処理するように求める。

## 様式例5-8　1か月の残業の上限規制の通知
○その1（上限を全社一律に設定する場合）

○○年○○月○○日

社員の皆さんへ

取締役社長

残業の上限目標について（お知らせ）

　労働時間の短縮と社員の健康確保のため、残業について上限目標を設けることとしました。この上限を超えない範囲で業務を処理するように努めてください。皆さんのご理解とご協力を求めます。

記

1か月（1～末日）の残業の上限目標を○時間とする（休日勤務を含む）。

（実施日）○○年○○月1日から

以上

○その2（上限を部門ごとに設定する場合）

○○年○○月○○日

社員の皆さんへ

取締役社長

残業の上限目標について（お知らせ）

　労働時間の短縮と社員の健康確保のため、残業について上限目標を設けることとしました。この上限を超えない範囲で業務を処理するように努めてください。皆さんのご理解とご協力を求めます。

記

1か月（1～末日）の残業の上限目標を次のとおりとする。

| ○○部 | ○○部 | ○○部 | ○○部 | ○○部 |
|---|---|---|---|---|
| ○○時間 | ○○時間 | ○○時間 | ○○時間 | ○○時間 |

（注）休日勤務を含む。

（実施日）○○年○○月1日から

以上

② 結果の発表

　この制度を実施するときは、一定期間ごとに結果を発表するのがよい。結果を発表することにより、制度への関心を継続することができる。

**様式例５－９　上限目標制度の結果発表**

○○年○○月○○日

社員の皆さんへ

取締役社長

残業の上限目標の結果について（発表）

　○○年度の上期における、残業の上限目標の遵守状況は、次のとおりでした。

〈上限を超えた者の数〉

|  | ○○部 | ○○部 | ○○部 | ○○部 | 計 |
|---|---|---|---|---|---|
| ○○年４月 |  |  |  |  |  |
| ○○年５月 |  |  |  |  |  |
| ○○年６月 |  |  |  |  |  |
| ○○年７月 |  |  |  |  |  |
| ○○年８月 |  |  |  |  |  |
| ○○年９月 |  |  |  |  |  |
| 計 |  |  |  |  |  |

以上

# 4　残業の月間目標の設定

## (1)　月間目標設定の趣旨

　会社の経営においては、現実的で、実現可能な目標の設定がきわめて重要である。

　例えば、経営計画で最も重要な売上（販売高、受注額、契約額）の場合、社長がいくら「売上を増やしたい」と考え、営業担当の社員に

「売上を増やすために頑張ってくれ」と声をかけても、簡単に増えるものではない。それよりも、取扱商品の商品力、取引先の業績、自社の営業力、前年の売上実績などを総合的に踏まえて、「年間の売上を〇〇万円にしたい」という数値目標を立て、計画的・組織的に営業活動に取り組んだほうが確実に売上目標を達成することができる。

　商品の開発、新規取引先の開拓、経費の削減などについても、同様である。達成可能で、かつ、具体的な数値目標を立てて取り組んだほうが成功の確率が高い。

　残業の削減についても、まったく同様である。「少しでも残業を減らしたい」と考えて取り組むよりも、「来月の残業は、1人平均〇時間にしたい」という数値目標を立てて取り組んだ方が望ましい。

## (2)　目標設定の方式と設定基準

### ①　1人平均方式と総時間方式

目標の設定には、

・1人1か月平均方式（例えば、「社員1人当たりの残業時間を1か月平均〇〇時間とする」という形で決める）

・総時間方式（例えば、「会社全体の残業時間を1か月当たり〇〇時間とする」という形で決める）

の2つがある。

　会社としては、総残業時間を削減することが重要である。しかし、総残業時間方式は、社員にとって分かりにくい。このため、目標は「1人1か月平均〇〇時間とする」という形で設定するのが現実的である。

### ②　目標の設定基準

残業の目標時間は、

・業務の量

・人員

・前年同月の残業の実績

などを踏まえて設定する。

　残業目標は、各部門の責任者（役職者）の意見をもとに設定する。残業は、部門の業務を円滑に行うために部門の責任者が部下に指示命令するものである。したがって、残業の目標について部門の責任者の意見を尊重するのは当然のことである。

### ③　全社一律と部門別

　目標の設定方式には、

・全社一律で設定する

・部門ごとに設定する

などがある。

　部門によって1か月平均の残業に差異があるときは、部門単位で設定するのが合理的である。

**図表5－3　目標時間の設定例**

|  | 例 |
|---|---|
| 全社一律 | ○時間 |
| 部門別方式 | ○○部＝○時間<br>○○部＝○時間<br>○○部＝○時間<br>○○部＝○時間 |

### (3)　社員への周知

　残業目標の達成には、社員の協力が必要である。社員一人ひとりが残業削減の必要性を意識して業務に取り組むことにより、目標が達成され、残業が減少する。このため、目標時間を決定したときは、その内容を社員に周知する。

## 様式例５−10　残業目標設定についての社員への通知

○その１（目標時間を全社一律に設定する場合）

---

〇〇年〇〇月〇〇日

社員の皆さんへ

取締役社長〇〇〇〇

残業時間の目標設定について（お知らせ）

　労働時間の短縮と社員の健康確保のため、会社は残業時間の削減に取り組むことを決定しました。その一環として、残業について、１人１か月の平均目標時間を設定することとしました。この目標の達成に努めるよう、お願いします。

記

1　１人１か月平均の目標時間は、〇〇時間とする（休日勤務時間を含む）。

2　この制度は、〇〇年〇〇月１日から実施する。

以上

---

○その２（目標時間を部門別に設定する場合

---

〇〇年〇〇月〇〇日

社員の皆さんへ

取締役社長

残業の目標時間の設定について（お知らせ）

　労働時間の短縮と社員の健康確保のためには、残業を削減することが必要です。残業を削減するため、部門ごとに１人１か月平均の目標時間を設けることとしました。この制度の趣旨を理解して業務を遂行するように努めてください。皆さんのご理解とご協力を求めます。

記

1　１か月（１〜末日）の１人平均の残業時間目標は次のとおりとする（休日勤務を含む）。

| 〇〇部 | 〇〇部 | 〇〇部 | 〇〇部 | 〇〇部 |
|---|---|---|---|---|
| 〇〇時間 | 〇〇時間 | 〇〇時間 | 〇〇時間 | 〇〇時間 |

2　実施日は、〇〇年〇〇月１日とする。

以上

---

## 5　1か月変形労働時間制

### (1)　1か月変形労働時間制の趣旨

会社の中には、

・月の前半や半ばに比べて、月末が特に忙しい

・毎月、15～20日前後に仕事が集中する

・上旬（1～10日）に客が多く来る

というように、月を単位としてみた場合に業務の量に差異があるところがある。

このような場合に、1か月を通して1日の勤務時間を8時間と固定しておくのは合理的とはいえない。1日8時間と固定すると、仕事がそれほど忙しくないときは、人手があまり、忙しいときは残業をせざるを得ない。それよりも、仕事の量に合わせて1日の勤務時間を決める方が合理的である。忙しい時期の勤務時間を長くすることにより、残業時間を短くすることができる。

1か月を平均して1週の労働時間が40時間になれば、忙しい時期には1日8時間・1週40時間を超えて労働させることのできる制度を「1か月変形労働時間制」という。

1か月を単位としてみたときに業務に繁閑のある会社は、1か月変形労働時間制を採用することにより、残業を削減することができる。

### (2)　労働時間の総枠

1か月変形労働時間制は、「1か月を平均して週の労働時間が40時間であること」が実施の条件である。このため、労働時間の総枠が制限される。労働時間の総枠は、次の算式で計算される。

労働時間の総枠＝40時間×1か月の日数／7

例えば、30日の月の労働時間は、次のようになる。

40×30／7 ＝171.4時間

## ⑶　1か月変形労働時間制の設計

### ①　変形期間

変形期間は、「1か月以内」である。2週間、3週間でもよいし、1か月でもよい。

1か月の場合、その期間をどのように決めるかは、それぞれの会社の自由である。給与の計算期間に合わせて「21～翌月20日」としても構わないし、「1～末日」としても差し支えない。

### ②　1日の労働時間

1か月変形労働時間制は、仕事が忙しい日は労働時間を長くし、仕事が忙しくないときは労働時間を短くして、全体でバランスを取るという制度である。

1日の労働時間に制限はない。10時間でも構わないし、12時間でも差し支えない。

### ③　1週の労働時間

通常の労働時間制の場合は、労働基準法によって1週の労働時間は「40時間」とされている。

しかし、1か月変形労働時間制の場合には、1週の労働時間に制限は設けられていない。50時間でも構わないし、60時間でも差し支えない。

### ④　休憩時間

労働基準法は、休憩時間について、

・1日の労働時間が6時間を超えるときは、45分

・1日の労働時間が8時間を超えるときは、60分

と定めている。

この定めは、変形労働時間制にも適用される。

所定労働時間を10時間、12時間とした場合、休憩時間は1時間で差し支えないのであるが、労働時間が長くなれば、当然のことながら疲労が重なり、能率が低下する。集中力が低下するため、ミスをしたり、

事故を起こしたりする可能性が高まる。したがって、労働時間を考慮して休憩時間を決めることが望ましい。

　⑤　残業の取り扱い

　通常の労働時間制の場合は、1日8時間を超える時間が残業（時間外労働・時間外勤務）となり、割増賃金の支払い対象となる。

　これに対して1か月変形労働時間制の場合は、1日の所定労働時間を超える時間が残業となり、割増賃金の支払い対象となる。

**図表5－4　残業の取り扱い**

・所定労働時間が6時間の日➡6時間を超える時間
・所定労働時間が7時間の日➡7時間を超える時間
・所定労働時間が8時間の日➡8時間を超える時間
・所定労働時間が9時間の日➡9時間を超える時間
・所定労働時間が10時間の日➡10時間を超える時間

⑷　**1か月変形労働時間制の例**

　1か月変形労働時間制の例を示すと、図表のとおりである。

**図表5－5　1か月変形労働時間制の例**

| 日 | 曜日 | 始業・終業時間 | 休憩 | 休日 |
|---|---|---|---|---|
| 1 | 火 | 9～16.30 | 12～13 | |
| 2 | 水 | 〃 | 〃 | |
| 3 | 木 | 〃 | 〃 | |
| 4 | 金 | 〃 | 〃 | |
| 5 | 土 | | | ○ |
| 6 | 日 | | | ○ |
| 7 | 月 | 9～16.30 | 12～13 | |
| 8 | 火 | 〃 | 〃 | |
| 9 | 水 | 〃 | 〃 | |
| 10 | 木 | 〃 | 〃 | |
| 11 | 金 | 〃 | 〃 | |
| 12 | 土 | | | ○ |
| 13 | 日 | | | ○ |
| 14 | 月 | 9～16.30 | 12～13 | |
| 15 | 火 | 〃 | 〃 | |
| 16 | 水 | 〃 | 〃 | |
| 17 | 木 | 〃 | 〃 | |
| 18 | 金 | 〃 | 〃 | |
| 19 | 土 | | | ○ |
| 20 | 日 | | | ○ |
| 21 | 月 | 9～16.30 | 12～13 | |
| 22 | 火 | 〃 | 〃 | |
| 23 | 水 | 〃 | 〃 | |
| 24 | 木 | 〃 | 〃 | |
| 25 | 金 | 9～19 | 〃 | |
| 26 | 土 | 〃 | 〃 | |
| 27 | 日 | | | ○ |
| 28 | 月 | 9～19 | 12～13 | |
| 29 | 火 | 〃 | 〃 | |
| 30 | 水 | 〃 | 〃 | |
| 31 | 木 | 〃 | 〃 | |
| 計 | ＊＊ | 171.0時間 | ＊＊ | ＊＊ |

（注）（労働時間の総枠）40×31／7＝177.1時間

## 6　1年変形労働時間制

### ⑴　1年変形労働時間制の趣旨

#### ①　業務の繁閑と労働時間

会社の中には、季節によって業務に繁閑のあるところがある。例えば、「夏季が特に忙しい」「冬季が比較的忙しい」という具合である。

このような会社の場合、1年を通して1日または1週の労働時間を固定しておくと、業務の忙しいときは残業が発生し、業務がそれほど忙しくない時期には人手が余るという現象が生じる。これは、不合理である。

1年を通してみた場合に、季節によって業務の量に変動のある会社は、季節によって1日または1週の労働時間を決めるのが合理的である。これにより、残業を少なくすることができる。

1年を通して、忙しい時期には労働時間を長くし、それほど忙しくない時期には労働時間を短くするという制度を「1年変形労働時間制」という。

#### ②　労働時間の総枠

1年変形労働時間制は、「変形期間を平均して週の労働時間が40時間であること」が実施の条件となっている。このため、労働時間の総枠は、次の算式で算定される。

労働時間の総枠＝40時間×変形期間の日数／7

例えば、1年を変形期間としたときは、労働時間の総枠は、次のように算定される。

（労働時間の総枠）40時間×365／7＝2085.7時間

### ⑵　1年単位変形労働時間制の設計

#### ①　変形期間

変形期間は、「1年以内」である。6か月でも、9か月でも構わない。

もちろん、1年でも差し支えない。

変形期間を1年とする場合、1〜12月でもよいし、4〜翌年3月でもよい。

② **1日の労働時間**

1年変形労働時間制は、仕事が忙しい日は労働時間を長くし、仕事が忙しくないときは労働時間を短くして、全体でバランスを取るという制度である。

使用者の立場からすると、忙しいときは労働時間をできる限り長くしたいところである。しかし、1日の労働時間は、「10時間まで」と制限されている。

③ **1週の労働時間**

通常の労働時間制の場合は、労働基準法によって1週の労働時間は「40時間」とされている。

しかし、1年変形労働時間制の場合には、1週の労働時間は「52時間まで」とされている。

④ **休憩時間**

労働基準法は、休憩時間について、

・1日の労働時間が6時間を超えるときは、45分

・1日の労働時間が8時間を超えるときは、60分

と定めている。

この定めは、変形労働時間制にも適用される。

⑤ **残業の取り扱い**

通常の労働時間制の場合は、1日8時間を超える時間が残業（時間外労働・時間外勤務）となり、割増賃金の支払い対象となる。

これに対して1年変形労働時間制の場合は、1日の所定労働時間を超える時間が残業となり、割増賃金の支払い対象となる。

**図表5-6　残業の取り扱い**

・所定労働時間が6時間の日➡6時間を超える時間
・所定労働時間が7時間の日➡7時間を超える時間
・所定労働時間が8時間の日➡8時間を超える時間
・所定労働時間が9時間の日➡9時間を超える時間
・所定労働時間が10時間の日➡10時間を超える時間

（注）労働時間の総枠で各日、各週の労働時間を決めた場合

## (3)　労使協定の締結

1年変形労働時間制を実施するときは、

・対象労働者数
・変形期間
・変形期間中の各日、各週の労働時間
・変形期間中の1週の平均労働時間

などについて、労使協定を結び、これを労働基準監督署に届け出ることが必要である。

**図表5-7　1か月変形労働時間制と1年変形労働時間制**

| | 1か月変形労働時間制 | 1年変形労働時間制 |
|---|---|---|
| 1日の労働時間 | 制限なし | 10時間 |
| 休憩時間 | ・1日の労働時間が6時間を超えるときは、45分<br>・1日の労働時間が8時間を超えるときは、60分 | 左に同じ |
| 1週の労働時間 | 制限なし | 52時間 |
| 休日 | 週に1日以上 | 左に同じ |
| 変形期間中の週平均労働時間 | 40時間 | 左に同じ |
| 労使協定の締結 | 必要なし（就業規則による場合） | 必要あり |
| 労使協定の届出 | 必要なし（就業規則による場合） | 必要あり |

# 7　フレックスタイム制

## (1)　フレックスタイム制の効果

### ①　仕事の忙しさと勤務時間

　仕事の内容によって、忙しい時間帯や時期が異なるケースが多い。午前中が忙しい仕事もあれば、午前よりも午後の方が忙しい仕事もある。月の前半の方が仕事が忙しい職場もあれば、月末に仕事が集中する職場もある。

　仕事の時間帯についての希望も、社員によって異なる。朝早くから働きはじめ、夕方早めに帰りたいという者もいれば、朝は苦手で、昼からのほうが仕事に油が乗るという者もいる。

　このように、仕事の忙しい時間帯や時期が職場によって異なり、しかも勤務時間帯に対する希望が社員によって異なることを考えると、勤務時間帯（始業・終業時刻）を全社員一律に「午前8～午後5時」あるいは「午前9時～午後6時」と決めるのは合理的ではない。午後から夕方にかけての時間帯が特に仕事が忙しい者は、時間内では仕事を終えることができず、残業で仕事を処理せざるを得ない。

　それよりは、勤務時間帯の決定を社員自身の判断に委ね、「仕事の忙しさや、働きたい時間帯を踏まえて働くように」と指示する方が現実的・合理的である。

### ②　フレックスタイム制のメリット

　フレックスタイムは、社員自身に始業・終業時刻を決めさせるという柔軟な勤務時間制度である。このため、勤労意欲の向上、残業の削減などの効果が期待できる。

**図表5－8　フレックスタイム制のメリット**

> ・社員の自主性を尊重するので、勤労意欲の向上を図れる。
> ・勤務の実態に即して勤務時間を合理的に活用し、残業を削減できる。
> ・社員の時間意識を高め、業務の効率化を図れる。
> ・精神的なゆとりを高められる。

⑵　フレックスタイム制の設計

　①　対象者の範囲

　フレックスタイム制が適しているのは、

・各人の業務分担が独立的に決められている

・業務遂行について社員の裁量性が大きい（仕事の進め方や時間配分などについて、会社の方で細かい指示を出さない）

という２つの条件を満たす職種である。

　具体的には、事務、営業、企画、商品開発、システム開発、研究などの職種である。流れ作業による生産現場や、店舗における商品の販売・サービスの提供などの業種には、適していない。

　②　コアタイム

　フレックスタイム制は、社員自身に始業・終業時刻を決めさせる制度であるが、業務の指示命令や相互の情報交換などのために、コアタイム（必ず勤務しているべき時間帯）を設けるのが一般的である。

　例えば、「午前10時～午後３時」というように、業務遂行上の必要性を勘案してコアタイムを決める。

　コアタイムを決めた場合、遅刻、早退および欠勤は次のように取り扱う。

　　　　コアタイムの開始時刻に遅れたとき➡遅刻

　　　　コアタイムの終了前に退社したとき➡早退

　　　　コアタイムにまったく勤務しなかったとき➡欠勤

遅刻、早退または欠勤をするときは、あらかじめ会社に届け出るよう、社員に徹底する。

**様式例5－11　遅刻・早退・欠勤届**

| | ○○年○○月○○日 |
|---|---|

取締役社長殿

○○部○○課○○○○印

遅刻・早退・欠勤届

（□遅刻　□早退　□欠勤）

| 遅刻等の月日 | ○月○日　（　） |
|---|---|
| 出社・退社の時刻 | 午前・午後○時○分 |
| 遅刻等の理由 | |
| 備考 | |

（注）事前に届け出得ること。事前に届け出ることができないときは、事後速やかに届け出ること。

③　フレキシブルタイム

コアタイムを設けるときは、フレキシブルタイム（始業時間帯・終業時間帯）を決めることになる。

始業時間帯は、一般的な出勤の便を踏まえて、例えば、「午前8～10時」というように決める。

一方、終業時間帯は、交通の便、一般的な終業の状況、関係先の営業時間等を踏まえて、例えば「午後3～7時」というように決める。終業時間帯の終了時刻を午後10時、11時というように遅くすると、結果的に深夜勤務を奨励または誘発することになるので避けるべきであろう。

④　**勤務時間の清算期間**

勤務時間の清算期間は、労働基準法で「3か月以内」とされている。3か月以内であれば、どのように決めるのも会社の自由であるが、

正社員については月給制が広く採用されている。勤務時間の清算期間と給与の計算期間とが異なると、実務的にさまざまな支障が生じる恐れがある。したがって、勤務時間の清算期間は、給与の計算期間に合わせて「21〜翌月20日」「1〜末日」とするのが合理的である。

⑤　標準勤務時間

年休を取得したときなどの時間計算のために、「標準勤務時間」を決めておく。そして、次の場合には、標準勤務時間勤務したものとみなす。標準勤務時間は、8時間とする。

・年休を取得したとき
・年休以外の休暇を取得したとき
・勤務時間の全部または一部を事業場外で業務に従事し、勤務時間を算定し難いとき

⑥　清算期間中の所定勤務時間

通常の勤務時間制の場合は、所定勤務時間は「1日単位」で決められる。労働基準法が1日8時間制を定めているので、所定勤務時間を8時間としている会社が多い。

これに対して、フレックスタイム制の場合は、日によって勤務時間が異なるため、「勤務時間の清算期間」を単位として所定勤務時間を決めることになる。

清算期間中の所定勤務時間数は、次の算式によって得られる時間とするのが分かりやすくて便利である。

（所定勤務時間数）標準勤務時間（8時間）×清算期間中の所定勤務日数

**図表5−9　清算期間の所定勤務時間**

| ・勤務日数が21日のとき➡21×8時間＝168時間 |
|---|
| ・勤務日数が22日のとき➡22×8時間＝176時間 |
| ・勤務日数が23日のとき➡23×8時間＝184時間 |

⑦　休日勤務等の許可

　フレックスタイム制は、勤務時間の決定を社員に委ねるという柔軟な勤務時間制度である。このため、時間意識を厳しく持って仕事をしないと、休日やフレキシブルタイム外に仕事をして、勤務時間が長くなる可能性がある。勤務時間が長くなるのは、会社として好ましいことではない。

　長時間勤務を少しでも抑制するため、次の勤務については会社による許可制とするのがよい。

　・休日勤務

　・始業時間帯開始前の勤務、終業時間帯終了後の勤務

**様式例５－12　フレキシブルタイム外・休日勤務の許可願い**

○○年○○月○○日

取締役社長殿

○○部○○課○○○○印

フレキシブルタイム外・休日勤務の許可願い

（□フレキシブルタイム外勤務　□休日勤務）

| 勤務日 | |
|---|---|
| 勤務時間 | |
| 業務内容 | |
| 備考 | |

以上

（注）必ず事前に提出すること。

⑧　勤務時間の過不足の取り扱い

　会社の立場からすると、社員一人ひとりが時間を上手に使って業務を遂行し、所定勤務時間の中で業務を完全に果たしてくれることが望ましい。しかし、フレックスタイム制の下では、実際の勤務時間と所定勤務時間との間に過不足が生じるのが一般的である。

過不足については、図表に示すように取り扱うことが必要である。

　例えば、１か月の所定勤務時間が176時間であるときに、実際の勤務時間が200時間であったとする。この場合には、超過の24時間を残業として取り扱い、24時間分の割増賃金（時間外勤務手当）を支払わなければならない。超過分を次の清算期間に繰り越すことは、労働基準法違反となる。

　これに対して、所定勤務時間を24時間下回ったときは、次の清算期間に繰り越すか、または24時間分の給与をカットする。

**図表５－10　勤務時間の過不足の取り扱い**

| |
|---|
| ・実際の勤務時間が所定勤務時間を上回ったとき➡上回った時間を残業（時間外勤務）として扱う |
| ・実際の勤務時間が所定勤務時間を下回ったとき➡下回った時間を次の清算期間に繰り越すか、または、その分だけ給与をカットする |

### ⑨　不足の解消命令

　社員は、所定勤務時間業務に従事する義務を負っている。実勤務時間が所定勤務時間に不足するということは、社員としての義務を果たしていないことを意味する。このため、不足した社員に対して、次の清算期間においてその不足時間だけ余計に働き、不足時間を解消するように命令するのがよい。

　例えば、４月の勤務時間が所定時間に20時間不足した社員に対しては、「５月に20時間余計に働いて、不足時間を解消すること」と命令する。

**様式例5－13　不足時間解消命令書**

○○年○○月○○日

取締役社長

不足時間解消命令書（○○年○○月）

　次の者は、当月の勤務時間が次の時間不足したので、次の清算期間において、不足時間を解消すること。

| 氏名 | 不足時間 | 備考 |
|---|---|---|
| | | |
| | | |
| | | |
| | | |
| | | |

以上

⑩　勤務時間の記録・提出

　社員は、始業・終業時刻および勤務時間数等を日々記録し、これを清算期間終了後速やかに会社に提出するものとする。

## 様式例5－14　勤務時間記録表

○○年○○月○○日

取締役社長殿

○○部○○課

○○○○印

### 勤務時間記録表（○○年○○月）

| 日 | 曜日 | 始業時刻 | 終業時刻 | 休憩時間 | 勤務時間数 | 年休等 | 備考 |
|---|---|---|---|---|---|---|---|
| 21 | | | | | | | |
| 22 | | | | | | | |
| 23 | | | | | | | |
| 24 | | | | | | | |
| 25 | | | | | | | |
| 26 | | | | | | | |
| 27 | | | | | | | |
| 28 | | | | | | | |
| 29 | | | | | | | |
| 30 | | | | | | | |
| 31 | | | | | | | |
| 1 | | | | | | | |
| 2 | | | | | | | |
| 3 | | | | | | | |
| 4 | | | | | | | |
| 5 | | | | | | | |
| 6 | | | | | | | |
| 7 | | | | | | | |
| 8 | | | | | | | |
| 9 | | | | | | | |
| 10 | | | | | | | |
| 11 | | | | | | | |
| 12 | | | | | | | |
| 13 | | | | | | | |
| 14 | | | | | | | |
| 15 | | | | | | | |
| 16 | | | | | | | |
| 17 | | | | | | | |
| 18 | | | | | | | |
| 19 | | | | | | | |
| 20 | | | | | | | |
| 計 | ＊＊ | ＊＊ | ＊＊ | ＊＊ | | ＊＊ | ＊＊ |

以上

(3)　労使協定の締結

　フレックスタイム制を実施するときは、労働組合（労働組合がない
ときは、社員の代表者）との間で協定を結ぶことが必要である。

図表５－11　労使協定の項目と協定例

| | 協定項目 | 協定例 |
|---|---|---|
| 1 | 対象者 | 総務部以外の全社員 |
| 2 | 労働時間の清算期間 | 21日から翌月20日までの１か月 |
| 3 | 所定労働時間 | ８時間×所定労働日数 |
| 4 | １日の標準労働時間 | ８時間 |
| 5 | コアタイム | 午前10～午後３時（正午～午後１時は休憩） |
| 6 | フレキシブルタイム | ・始業時間帯＝午前８～10時<br>・終業時間帯＝午後３～８時 |

(4)　フレックスタイム規程の作成と規程例

　フレックスタイム制は、始業・終業時刻の決定を社員自身に委ねる
という、柔軟な勤務時間制度である。整然と行われるようにするため
には、その取扱基準について現実的・合理的な社内規程が作成されて
いることが必要である。

　社内規程の例を示すと、次のとおりである。


〈フレックスタイム規程例〉

フレックスタイム規程

（総則）

第１条　この規程は、フレックスタイム制について定める。

（適用対象者の範囲）

第2条　この規程は、次の部門に所属する総合職の社員に適用する。

　事務部門／企画部門／営業部門／研究開発部門

（勤務時間の清算期間）

第3条　勤務時間の清算期間は、21日から翌月20日までの1か月間とする。

（標準勤務時間）

第4条　1日の標準勤務時間は、8時間とする。

2　社員が次のいずれかに該当するときは、標準勤務時間勤務したものとみなす。

　⑴　年次有給休暇その他の有給休暇を取得したとき

　⑵　社外で業務に従事し、勤務時間を算定しがたいとき

（清算期間中の所定勤務時間数）

第5条　清算期間中の所定勤務時間数は、次の算式によって得られる時間とする。

　　（所定勤務時間数）8時間×清算期間中の所定勤務日数

（コアタイム・休憩時間）

第6条　コアタイムおよび休憩時間は、次のとおりとする。

　　（コアタイム）午前10〜午後3時

　　（休憩時間）正午から1時間

2　コアタイム中は、必ず勤務していなければならない。

（フレキシブルタイム）

第7条　フレキシブルタイムは、次のとおりとする。

　　（始業時間帯）午前8〜10時

　　（終業時間帯）午後3〜8時

2　始業時刻および終業時刻は、各人の決定に委ねる。

3　職場への入場および退場に当たっては、他の社員の職務に影響を与えないように配慮しなければならない。

（遅刻・早退・欠勤）

第8条　コアタイムの開始時刻に遅れて始業したときは遅刻、コアタイムの終了時刻の前に終業したときは早退とする。

2　コアタイムにまったく勤務しなかったときは、欠勤とする。

3　遅刻、早退または欠勤をするときは、あらかじめ会社に届け出なければならない。

（休日）

第9条　休日は、次のとおりとする。

(1)　日曜、土曜

(2)　国民の祝日

(3)　年末年始（12月28～1月4日）

（勤務時間の記録・提出）

第10条　社員は、始業・終業時刻および勤務時間数等を日々記録し、これを清算期間終了後速やかに会社に提出しなければならない。

（勤務時間の単位）

第11条　勤務時間の単位は、15分とする。

（超過時間の取り扱い）

第12条　清算期間中の実勤務時間数（直前の清算期間から繰り越した時間を除く）が所定勤務時間数を超えたときは、超えた時間数を時間外勤務として取り扱う。

3　社員は、時間外勤務の時間数が、会社と労働組合とで協定した時間数を超えないようにしなければならない。

（不足時間の取り扱い）

第13条　清算期間中の実勤務時間数が所定勤務時間数に不足したときは、不足した時間数を次の清算期間に繰り越すものとする。

2　前項の規定にかかわらず、不足時間が20時間を超えるときは、その超える時間に相応する基本給をカットする。

3　不足時間を発生させたときは、次の清算期間においてその不足時

間を解消するように努めなければならない。

（許可）

第14条　社員は、次の場合には、あらかじめ会社の許可を得なければ
ならない。

　(1)　始業時間帯の開始前または終業時間帯の終了後に勤務するとき

　(2)　休日に勤務するとき

2　事前に許可を得ていないものについては、原則として勤務時間と
はみなさない。

（勤務時間の指定）

第15条　会社は、緊急事態の発生その他業務上必要であると認めると
きは、フレックスタイム制度の適用を停止し、特定時刻から特定時
刻までの勤務を命令することがある。

（適用解除）

第16条　会社は、次に該当する者については、フレックスタイム制度
の適用を解除し、通常の勤務に復するように命令することがある。

　(1)　合理的な理由がないにもかかわらず、所定勤務時間数と実勤務
時間数との間にしばしば著しい過不足を発生させる者

　(2)　遅刻、早退または欠勤を繰り返す者

　(3)　勤務時間の記録がルーズである者

　(4)　業務の効率が良くない者

　(5)　その他フレックスタイム制の適用になじまないと認められる者

（付則）

この規程は、○○年○○月○○日から施行する。


### (5)　残業削減効果の検証

　フレックスタイム制を実施する目的の１つは、長時間残業の削減で
ある。業務の繁閑に応じて勤務時間を有効に活用して残業を削減する
ことが、実施の大きな目的の１つである。

フレックスタイム制を実施したときは、残業の削減が図られている
かを定期的に検証することが望ましい。

　検証の結果、もしも業務の量が大幅に増加していないにもかかわら
ず、残業が減っていないことが確認されたとすれば、それは、制度の
設計あるいは運用に何らかの問題があることを意味する。このため、
必要に応じて、制度面、あるいは運用面の見直しを行うのが望ましい。

**様式例５－15　残業削減効果の検証表（フレックスタイム制の実施
　　　　　　前と実施後における１人平均の残業時間の比較）**

| 月 | ○○年（実施後） | ○○年（実施前） | 増減時間 |
|---|---|---|---|
| 1 | | | |
| 2 | | | |
| 3 | | | |
| 4 | | | |
| 5 | | | |
| 6 | | | |
| 7 | | | |
| 8 | | | |
| 9 | | | |
| 10 | | | |
| 11 | | | |
| 12 | | | |
| 計 | | | |

# 8　セレクティブタイム制

## (1)　セレクティブタイム制とは

　社員の中には、「少し早めに出勤し、早めに退社したい」と考えて
いる者もいれば、「出勤時間がもう少し遅いと助かるのだが・・・」

と思っている者もいる。このような事情に配慮した勤務時間システムがセレクティブタイム制（勤務時間選択制）である。これは、1日の勤務時間を8時間と固定したうえで、「午前8時〜午後5時勤務（休憩1時間）」「午前9時〜午後6時勤務（休憩1時間）」などいくつかの勤務時間帯を設定し、そのいずれかを社員に自由に選択させるというものである。

セレクティブタイム制は、
・勤務時間についての社員の多様な希望に対応できる
・残業時間の削減を図れる
・1日の勤務時間が8時間と固定されているので、管理職による部下の勤務時間管理が容易である
などの効果がある。

フレックスタイム制に比較して制度の設計が容易であることや、労働基準法の規制が特にないことも、特徴である。

## (2) 制度の設計
### ① 勤務時間の種類

勤務時間の種類を定める。例えば、次の3種類を設定し、そのいずれかを選択して勤務させる。
・始業午前8時〜終業午後5時
・始業午前9時〜終業午後6時
・始業午前10時〜終業午後7時

この制度の場合、勤務時間の種類をいたずらに多くすると、会社側による労務管理が煩雑となる。種類は、3、4つ程度とするのが現実的であろう。

### ② 翌日の勤務時間の周知

誰がいつ出勤するかがわからないと、職場の業務に支障が生じる。このため、社員に対し、「退社時に翌日の勤務時間を選択し、職場の

所定の黒板に書き込むこと」を求める。

## (3) セレクティブタイム規程の作成と規程例

　この制度を実施するときは、その取扱基準を社内規程として取りまとめておくことが望ましい。

　社内規程の例を示すと、次のとおりである。

〈セレクティブタイム規程の例〉

### セレクティブタイム規程

（総則）

第1条　この規程は、社員の勤務時間について定める。

2　社員は、セレクティブタイム制によって勤務するものとする。

（勤務時間の種類）

第2条　社員は、次のいずれかの勤務時間を自主的に選択して勤務するものとする。

　(1)　始業午前8時～終業午後5時

　(2)　始業午前9時～終業午後6時

　(3)　始業午前10時～終業午後7時

2　休憩時間は、いずれも正午～午後1時とする。

（黒板への書き込み）

第3条　社員は、退社時に翌日の勤務時間を選択し、職場の所定の黒板に書き込まなければならない。

（出退社時の留意事項）

第4条　社員は、出社するとき、および退社するときは、勤務中の他の社員に迷惑を掛けないように留意しなければならない。

（遅刻・早退・欠勤）

第5条　社員は、遅刻、早退および欠勤をしてはならない。

2　やむを得ない事情により遅刻、早退または欠勤をするときは、あらかじめ会社に届け出なければならない。事前に届け出ることができないときは、事後速やかに届け出なければならない。

（付則）

この規程は、○○年○○月○○日から施行する。

## 9　時差勤務と勤務時間の変更

### (1)　時差勤務制

#### ①　時差勤務制の効果

　小売業・サービス業などのように不特定多数の消費者を対象とする業種では、いくつかの勤務時間帯を設け、それぞれの勤務時間帯に社員を配置することが労働時間短縮のポイントとなる。

　例えば、

　・早出＝午前9時30分～午後午後6時30分

　・遅出＝午前11時30分～午後8時30分

という2つの勤務時間帯を設けて、社員を配置する。

　1日8時間労働制という制約のもとで、10時間、12時間の営業時間を確保するためには、時差勤務制が必要不可欠である。

### 図表5－12　時差勤務制のメリット

| |
|---|
| ・一定の営業時間を確保し、売上の増加を図れる<br>・消費者の要望に対応できる<br>・残業の増加を防げる |

#### ②　勤務時間帯の変更

勤務時間帯については、

　・固定する

・定期的に交替させる（例えば、1週おきに早出➡遅出➡早出とする）

の2つがある。

　職場の活性化という観点からすると、一定期間ごとに時間帯の交替を行うのがよい。

　③　就業規則への記載

　勤務時間帯は、就業規則に明記する。

〈就業規則への記載例〉

```
（勤務時間）
第○条　勤務時間は、次のとおりとする。
　　　　早出＝午前9時30分～午後午後6時30分
　　　　遅出＝午前11時30分～午後8時30分
2　勤務時間は、定期的に交替するものとする。
3　休憩は1時間とし、個別に与える。
```

(2)　勤務時間の繰上げ・繰下げ

　①　勤務時間の繰上げ・繰下げと残業削減

　勤務時間については、年間を通して固定し、変更しない会社が圧倒的に多い。

　例えば、「午前9～午後6時」と決め、年間固定する。

　残業の削減という観点からすると、業務が一時的・臨時的に増加したときは、それに合わせて勤務時間を繰り上げたり、あるいは繰り下げたりすることが合理的である。

　例えば、取引先の都合で午前中の業務量が減り、その分だけ午後からの業務の量が増加したときは、それに合わせて勤務時間を2時間、あるいは3時間程度繰り下げ、次のようにする。

　午前9～午後6時勤務➡午前11時（または、12時）～午後8時（または9時）勤務

## ② 就業規則への記載

就業規則において「業務上必要であるときは、勤務時間を繰り上げ、あるいは繰り下げることがある」と記載されていれば、会社は、社員に対して勤務時間の変更を命令することができる。社員は、会社の命令に応じて勤務時間の変更を行う義務を負う。

このため、就業規則に勤務時間の変更を記載しておく。

### 〈就業規則への記載例〉

```
（勤務時間）
第○条　勤務時間は、次のとおりとする。
　　　　午前9時始業〜午後6時終業（途中1時間休憩）
2　業務上必要であるときは、勤務時間を繰り上げ、または繰り下
　げることがある。
```

## ③ 勤務時間繰上げ・繰下げの通知

納期の短い製品の受注その他の必要によって、勤務時間の繰上げまたは繰下げを行うときは、

・対象者の範囲

・期間

・臨時の勤務時間

を決定し、社員に発表する。

様式例5−16　勤務時間繰下げの通知

---

　　　　　　　　　　　　　　　　　　　　　　　○○年○○月○○日

○○課所属の皆さんへ

　　　　　　　　　　　　　　　　　　　　　　　　　取締役社長

　　　　　勤務時間の繰り下げについて（お知らせ）

　業務上の都合により、次のとおり、一時的に勤務時間を繰り下げること
ととしましたので、お知らせします。

　　　　　　　　　　　　　　　記

| 1 | 対象者 | ○○課所属の全社員 |
|---|---|---|
| 2 | 繰下げ期間 | ○○月○○日（　）～○○月○○日（　） |
| 3 | 繰下げ後の勤務時間 | ○○時○○分～○○時○○分 |

　　　　　　　　　　　　　　　　　　　　　　　　　　　　以上

---

# 10　退社時間ルールの設定

## (1)　退社時間ルール設定の趣旨

### ①　裁量性の大きい業務の残業

　事務、企画（経営企画、商品企画等）、営業、技術開発、研究、シ
ステム設計等の業務では、判断力、分析力等を必要とする。そのような
な業務の性格上、残業を各人の判断に委ねているのが一般的である。
各人が「残業をするかしないか」「残業をどの程度するか」を判断す
る。

　このように残業が各人の判断に委ねられている場合、残業は、とか
く長時間になりやすい。当初は「1時間ほど残業をしよう」と考えて
いたのに、1時間30分➡2時間➡2時間30分➡3時間と延びていく。
はじめは「7時ごろまで」と思っていたのに、8時➡8時30分➡9時
➡9時30分となっていく。結果的に、10時過ぎにまで及んだりする。
予定よりも短くなることは、ほとんどない。

生産、運送、建設などの業務の場合には、仕事の区切りがはっきりしている。例えば、機械部品の生産の場合、役職者から「残業をしてＡという部品を30個生産するように」と指示された場合、30個生産すれば残業の目的が達成できるので、仕事を切り上げて退社できる。

これに対して、担当者の裁量性の大きい業務では、「仕事の区切り」が不明確である。このため、「納得できる成果が得られるまで仕事を続けよう」という気持ちから、つい残業時間が長くなる。

② 退社時間ルール設定の効果

このように、裁量性の大きい業務では、残業は長くなりやすい。しかし、あらかじめ「夜８時には、全員退社しなければならない」「午後９時以降の残業は自粛する」というルールが定められていれば、「時間がきたから」と仕事を切り上げて退社しやすい。自分だけでなく、他の社員も仕事を切り上げるので、気兼ねなく職場を離れることができる。

残業の長時間化を防ぐためには、退社時間について一定のルールを設定するのが望ましい。

**図表５−13　退社時間ルール設定の効果**

| ① 残業の長時間化に一定の歯止めを掛けられる。長時間残業を防止できる |
| --- |
| ② 社員の健康の確保 |
| ③ 仕事と生活のバランスの確保（ワークライフ・バランスの実現） |
| ④ 快適な職場環境の形成 |

⑵ 退社時間ルールの設計

① 退社時間ルールの実施期間

実施時期については、

・年間を通して実施する

・特定の時期に限って実施する（例えば、夏季のみ実施）

・繁忙期（決算期）を除いて実施する

などがある。

　この制度は、長時間残業の防止、仕事と個人生活のバランスの確保（ワークライフ・バランスの実現）を目的として行うものである。したがって、年間を通して実施することが望ましい。

## ②　退社時間

　退社時間が午後6時30分、7時というように残業の実態に照らして早いと、ルールの設定について社員の理解と協力を得ることは困難であろう。

　逆に、午後9時、10時では、残業削減効果が限定される。

　一般的に判断して、退社時間は午後8時程度とするのが現実的であろう。

　また、繁忙月と通常月とに区分し、

・繁忙月➡午後9時

・通常月➡午後8時

とすることも、1つの選択であろう。


## (3)　社員への周知

　退社時間についてルールを設けたときは、

・各人に社長名の文書を配布する（あるいは、メールを配信する）

・掲示を出す

・役職者から知らせる

などして、その周知を図り、社員に理解と協力を求める。

## 様式例５－17　社員への通知

> ○○年○○月○○日
>
> 社員の皆さんへ
>
> 取締役社長
>
> 退社時間ルール設定について（お知らせ）
>
> 　長時間残業の抑制と社員の健康の確保、さらに仕事と生活のバランスの確保のため、退社について次のとおりルールを設定することとしました。このことについて、皆さんのご理解とご協力を求めます。
>
> 　（退社ルール）緊急の場合を除き、午後８時までに全員退社する。
>
> 　（開始日）このルールは、○○年○○月○○日から適用する。
>
> 以上

### ⑷　社内放送による退社の呼びかけ

　ルールを設けても、社員が遵守しなければ意味がない。また、ルールが守られず、社員が遅くまで仕事を続けていたのでは、残業の削減も期待できない。

ルールの定着を図るため、図表に示すような措置を講ずる。

### 図表５－14　ルール徹底の工夫

| | |
|---|---|
| 1 | 退社ルールの順守を呼びかけるポスターを職場に掲示する |
| 2 | 退社時間の１時間前と退社時間に、社内放送で退社を促す（例えば、午後８時を退社時間としたときは、午後７時、午後８時に放送を流す） |
| 3 | 各部門の代表者が退社を促す |
| 4 | 人事部員が職場を巡回して退社を促す |
| 5 | ルール違反を繰り返す社員に対して、人事課長からルール順守を求める文書を届ける➡様式例参照 |
| 6 | ルール違反者の多い部門の役職者に対して、人事課長から制度への協力を求める文書を届ける➡様式例参照 |

**様式例５−18　ルール違反者への文書**

---

〇〇年〇〇月〇〇日

〇〇部〇〇課〇〇〇〇殿

人事課長

午後８時退社ルールの順守について（お願い）

　会社は、残業の削減と社員の健康確保のため、「午後８時退社」とい
うルールを定め、社員の協力を求めています。しかし、あなたの場合は、
残念ながらルール違反が目立ちます。

　この制度の趣旨を理解し、ルールの順守に努めるようお願いします。

以上

---

**様式例５−19　ルール違反多発部門の役職者への文書**

---

〇〇年〇〇月〇〇日

〇〇部〇〇課長〇〇〇〇殿

人事課長

午後８時退社ルールの順守について（お願い）

　会社は、残業の削減と社員の健康確保のため、「午後８時退社」とい
うルールを定め、社員の協力を求めています。しかし、あなたの所管課
では、残念ながらルール違反が多発しています。

　この制度の趣旨を理解し、課員に対してルールの順守を徹底するよう
お願いします。

以上

---

# 11　テレワーク

## (1)　テレワークの趣旨

### ①　仕事と就業場所

これまでは、「会社の仕事は、会社でするもの」であった。

しかし、現在、IT技術（情報通信機器）の進歩・普及によって、

就業環境と勤務スタイルは、大きく変化している。パソコンがあり、かつ、通信環境が整備されていれば、会社の外でもできる仕事が増加している。

情報システムの分析・企画・設計、データの入力、統計データの処理・解析、新しい商品・サービスの企画・開発、取引先に提出する企画書・提案書の立案・作成、各種報告書の作成などがそうである。

社員は、専門的知識、これまでの経験などを踏まえて、業務を遂行する。業務の遂行において判断に迷い、上司の指示を必要になったときは、上司にメール等を送り、指示を求める。上司は、部下にメール等で指示を発出する。

また、社員は、業務の成果をメール等で送る。

会社以外の場所（自宅その他）で業務を遂行することを一般に「テレワーク」という。

②　テレワークの効果

残業を減らすためには、勤務時間を少しでも有効に活用する必要がある。テレワークにより、時間を有効に活用して業務を遂行できるようになるため、残業が短縮される。

社員の自主性を尊重できることも、メリットといえる。

こうしたところから、最近テレワークを社員に奨励したり、あるいは「制度」として実施したりする会社が増加している。

図表5－15　テレワークの効果

| ・就業について、社員の自主性を尊重し、勤労意欲を向上できる。 |
| ・人事、給与の面における「成果主義」を強化できる。 |
| ・残業を削減し、残業代を減少できる。 |
| ・オフィススペースの増加を抑制できる。 |

⑵　テレワークの運用のポイント

　①　テレワークができる社員の範囲

　業務の内容・性格を踏まえて、テレワークを認める社員の範囲を合理的に決める。

　例えば、「経営の企画、市場調査（マーケットリサーチ）の企画・実施・分析、情報システムの分析・設計、商品のデザイン、または営業の業務に従事する社員」とする。

　②　就業場所の周知

　誰がどこで仕事をしていているのかが分からないと、職場の業務に支障が生じる。このため、テレワークをするときは、あらかじめ職場の黒板にテレワークの場所および時間帯を記入して社外へ出るものとする。

　③　情報の漏洩への注意

　テレワークの問題点の１つは、機密情報、重要情報の漏洩である。

　機密情報・重要情報が記録されているパソコンや携帯電話を置き忘れたり、盗まれたりすると、経営上重大な支障が生じる。

　このため、社員に対し、パソコン、携帯電話、スマートフォンその他、重要情報が記録されている機器の取り扱いには十分注意するように求める。

　④　勤務時間の算定

　労働基準法は、「労働者が労働時間の全部または一部を事業場外で業務に従事し、労働時間を算定し難いときは、所定労働時間労働したものとみなす」と定めている。

　社員がテレワークをしたときは、所定勤務時間勤務したものとみなす。


⑶　社内規程の作成と規程例

　テレワークを制度として実施するときは、社員の範囲、就業場所の

選択基準、テレワークの心得、勤務時間の算定などを「社内規程」として取りまとめ、その内容を対象社員に周知しておくことが望ましい。

社内規程の例を示すと、次のとおりである。


〈社内規程例〉

テレワーク規程

（総則）

第1条　この規程は、テレワークについて定める。

（テレワークができる社員の範囲）

第2条　経営企画、市場調査、情報システムの分析・設計、商品開発、商品デザイン、または営業の業務に従事する社員は、自宅その他社外において業務をすることができる。

（就業場所の選択）

第3条　テレワークをする者は、業務遂行に適した場所をテレワークの場所として選択しなければならない。

2　自宅以外においてテレワークをする場合、次のものは社員の負担とする。

（1）　部屋の使用について使用料が必要である場合、その使用料

（2）　その場所への往復に必要な交通費

（職場の黒板への記入）

第4条　社員は、テレワークをするときは、あらかじめ職場の黒板にテレワークの場所および時間帯を記入しなければならない。

2　予定していた期間または時間帯を変更するときは、会社に連絡しなければならない。

（テレワーク上の心得）

第5条　テレワークをする者は、次のことに留意しなければならない。

（1）　時間を有効に活用して業務を効率的に遂行すること

(2) 重要な情報が漏えいしないように注意すること

(3) 社員としてふさわしい服装で業務を行うこと

（情報機器の取り扱い）

第6条 業務で使用するパソコン、携帯電話、スマートフォンその他の機器の取り扱いには十分注意しなければならない。

2 パソコン、携帯電話、その他の機器を社員以外の者に使用させてはならない。

3 使用している機器の置き忘れ、盗難等の事故が生じたときは、直ちに会社に報告しなければならない。

（業務報告）

第7条 テレワークをする社員は、業務の進捗状況を適宜適切に会社に報告しなければならない。

（勤務時間の算定）

第8条 社員が勤務時間の全部または一部についてテレワークをしたときは、所定勤務時間勤務したものとみなす。

（出社命令）

第9条 会社は、業務上必要であると認めるときは、テレワーク中の者に対して出社を命令することがある。

（付則）

この規程は、○○年○○月○○日から施行する。

## 12 直行・直帰の奨励

### (1) 直行・直帰の趣旨

　営業職の業務は、取引先・消費者に対して自社商品・サービスのメリット（品質・効能・利便性等）をPRし、販売することである。

　スマートフォンや固定電話を活用して商品・サービスを売り込み、成約に持ち込むことは不可能ではない。しかし、対面によらないアプローチには、おのずから一定の限界がある。やはり、取引先・消費者

のところに自ら足を運び、相手に会って、口頭でPR・説得する方が効果的である。

　取引先・消費者も、電話では、商品・サービスの効用をなかなか信用しない。しかし、営業社員からパンフレットを見せられたり、直接説明を聞いたりすることにより、納得し、商品・サービスの効用を信用し、購入を決断する。

　取引先・消費者との面会の時間が午前の早い時間の場合、いったん会社に出社し、会社からまわるよりも、自宅から直接行った方が時間を節約できて、便利である。

　また、　取引先・消費者との面会の時間が午後の遅い時間の場合、いったん会社に戻って上司に結果を報告し、それから自宅へ帰るよりも、取引先等から自宅へ直接帰る方が時間を節約できて、便利である。

## (2)　労働時間の短縮と残業の削減

　労働時間の短縮、残業の節減のためには、少しでも時間を効率的に活用することが必要である。このため、営業職その他、社外での業務に従事することの多い社員に対して、直行・直帰を奨励する。

　また、営業職その他、社外での業務に従事することの多い社員について、担当地域を決めている会社は、社員の自宅の所在場所を踏まえて担当地域を決めることが望ましい。

**図表５－16　直行・直帰の効果**

| ① | 労働時間の短縮、残業の削減を図れる |
| --- | --- |
| ② | より多くの取引先・消費者を回れる（生産性の向上） |
| ③ | 移動の効率化により、疲労の度合いを軽減できる |

# 13　代休の付与

## (1)　代休制度の効果

　仕事が忙しいために休日に勤務した者の中には、「他の日に休んで、ゆっくりしたい」と希望する者が多い。また、平日の残業が続いている社員の中には、「1日ゆっくり休んで体を休めたい」と考えている者が少なくない。

　休日勤務をした者や、残業が一定時間に達した者に対して、その代償措置として、本人の希望に応じて休日を与える制度を「代休制度」という。

　代休は、労働基準法に定められたものではない。しかし、
　・休日勤務をした者に休日を確保できる
　・労働時間の長時間化に歯止めを掛けられる
　・労働に伴う疲労の回復を図れる
などのメリットがあるため、広く採用されている。


## (2)　代休取得の奨励

　労働時間の短縮、社員の健康の確保のため、休日勤務をした者、または残業が一定時間に達した者に対して、代休の取得を積極的に奨励する。

様式例5-20　代休届

```
                              ○○年○○月○○日
  取締役社長殿
                              ○○部○○課○○○○印
                        代休届
  | 代休を取る日   | ○○月○○日（　）                              |
  | 代休を取る事由 | □○○月○○日の休日に勤務したため               |
  |               | □時間外勤務が○時間に達したため               |
                                                           以上
```

| 代休を取る日 | ○○月○○日（　） |
| --- | --- |
| 代休を取る事由 | □○○月○○日の休日に勤務したため<br>□時間外勤務が○時間に達したため |

### (3)　就業規則への記載

　代休を制度として実施するときは、その条件を就業規則に記載しておくことが望ましい。

### 〈就業規則への記載例〉

（代休）
第○条　次に掲げる社員が請求したときは、請求した日に代休を与える。
　(1)　休日に勤務した者
　(2)　時間外勤務の時間数が8時間以上になった者
2　代休の請求は、その前日までに行わなければならない。

# 14　休日振替の実施

## (1)　休日振替のメリット

　業務の都合により休日を他の日に振り替えることを「休日振替」という。例えば、月曜の午前中までに納品しなければならない注文がきたので、臨時的に日曜を労働日とし、その代わりに、本来労働日である火曜を休日とするという措置である。

休日振替は、会社にとって、「割増賃金の支払いを免れることができる」など、図表に示すようなさまざまなメリットがある。

**図表5−17　休日振替のメリット**

| ・業務上の都合に柔軟に対応できる |
| --- |
| ・休日を確保し、労働時間の長時間化を防げる |
| ・労働に伴う疲労を回復できる |
| ・休日労働に対する割増賃金（休日勤務手当）の支払いを免れることができる |
| ・労使協定の締結も、労働基準監督署への届け出も必要ない |

### ⑵　就業規則への記載

　厚生労働省は、休日振替について、「休日振替を行うときは、就業規則等において、できる限り、休日振替の具体的事由と振り替えるべき日を規定することが望ましい」としている（昭和63・3・14、基発150号）。

　しかし、休日振替の具体的事由と振り替えるべき日を特定することは、現実的・実務的には困難であろう。就業規則においては、「業務の都合により、休日を他の日に振り替えることがある。この場合には、前日までに振り返るべき日を指定して通知する」と記載するにとどめるのが現実的であろう。

様式例５−21　休日振替の通知

```
                                    ○○年○○月○○日
                                        取締役社長
        休日の振替について（お知らせ）
```

| 対象者 | ○○課所属の者全員 |
|---|---|
| 振り替えの内容 | ○○月○○日（日）➡出勤日<br>○○月○○日（火）➡休日 |
| 振り替える事由 | 納期の短い注文が急に入ったため |

以上

# 15　年休の取得奨励と半休制度

## (1)　年休取得の現状

　年休は、労働に伴う疲労の回復と健康の維持、心身のリフレッシュ、家族との団欒、スポーツ・娯楽活動等の享受による生活の充実などのために、社員に付与される有給の休暇である。

　年休は、勤続６か月のときに10日与えられる。その後勤続年数に連れて増加していき、最高の日数は20日である。

　社員は、労働基準法で定められた日数の年休を100％取得することが望ましい。欧米の先進国では、年休はほぼ100％取得されているといわれる。

　しかし、日本では、「会社や同僚に迷惑を掛ける」「休むと、後で仕事が忙しくなる」「仲間が働いているのに、自分だけ仕事から離れるのは申し訳ない」などの理由で、年休を取得しない者が相当いる。中には、「年休を取得すると、昇給や賞与の支給のための人事考課で厳しく査定されるのではないか」という心配から、年休を取得しない者もいる。このため、年休の取得率は、50％程度にとどまっている。

116

## (2)　年休取得の奨励

　社員が年休を取得したからといって、直ちに残業（時間外労働）が減少するわけではない。年休の取得は労働時間の短縮にはつながるが、残業の削減には直接的には結び付かない。しかし、年休の取得率の向上（取得日数の増加）によって、快適な職場環境が形成されるとともに、社員は、「働くときは働き、休むときは休む」という合理的な意識を持つようになる。役職者も、「仕事が忙しいときは残業を命令し、そうでないときは休ませるのがよい」「部下は、法律で定められた年休を取得するのが当然だ」という合理的な人材活用意識を持つようになる。その結果、残業の減少が図られる。

　会社は、仕事がきわめて忙しいときに社員に年休で休まれると、人手が不足し、業務に支障が生じるので困る。しかし、通常期であれば、1日か2日程度休まれても、それほど困ることはないであろう。

　このため、「業務の繁閑をみて年休を取得するよう」奨励するのがよい。

　ところで、社員の立場からすると、いくら会社から「年休を取得するように」といわれても、役員や上司が年休を取得しないと、休みにくいものである。社員が休みやすいように、役員・役職者が率先して休むことが望ましい。幹部社員が率先して休むことにより「年休を取りやすい職場環境」が形成される。


## (3)　半休制度の導入
### ①　年休の目的

　年休は、基本的に「1日単位」で与えることになっている。

　年休の使用目的は、休養、疲労の回復、レジャーをはじめとして多種・多様であるが、「役所等への所用」も、その1つである。

　例えば、市役所に届出を出しに行くとか、あるいは、住民票、印鑑証明書を取りに行くなどである。

役所等への所用は1、2時間で十分済ませることができる。1日、年休を取るほどのものではない。しかし、勤務時間の途中に行くわけにはいかない。

　感染症の予防接種や軽い病気の治療のために町の医者に行くときも、半日もあれば十分である。

　そのような場合に当てるために、半日単位での年休取得（半休制度）を導入するのが望ましい。

　半休は、午前休と午後休の2種類とし、2回で「1日」とカウントする。

### ②　半休制度の効果

　半休制度は、

・年休の取得状況の改善

・労働時間の短縮

という効果が期待できる。

　半休制度を実施するときは、就業規則に「年休は、半日単位で取得することができる。半休は、2回をもって1日とする」と記載する。

## 16　年休取得目標の設定

### (1)　目標設定の趣旨

#### ①　目標設定の効果

　ビジネスの世界では、何か行動を起こす場合に「数値目標を設定すること」が重要である。

　年休の取得についても、同様である。社員に対して「積極的に年休を取得するように」と呼びかけることも大切であるが、それよりも数値目標を設定し、その達成に向けての行動を促す方が効果的である。

　目標が示されていないと、「年休を取ると、同僚に迷惑を掛けるのではないか」という気持ちにとらわれる。しかし、取得目標が示され

ていると、会社全体に年休を取りやすい職場環境が形成され、役職者や同僚に気兼ねすることなく、年休をとれるようになる。

②　目標の設定方法

目標は、年休の性格から「1年」を単位として設定するのが現実的である。

年休の取得目標の設定には、図表に示すようなものがある。

**図表5-18　目標の設定の仕方**

|  | 例 |
|---|---|
| ①　取得日数で設定する | 年間の取得日数を1人平均○日とする |
| ②　取得率で設定する | 年間の取得率を新規付与日数の○%とする |
| ③　最低取得日数で設定する | 最低○日以上取得する |

⑵　**目標の周知と結果の報告**

①　**目標の周知**

取得目標を決めたときは、その内容を社員に周知する。そして、業務の繁閑を見て年休を計画的・積極的に取得するよう、呼びかける。

**様式例5−22　年休目標の社員への通知**

〇〇年〇〇月〇〇日

社員各位

取締役社長

　　年休取得目標の設定について（お知らせ）

　労働時間の短縮と社員の健康の確保は、会社の重要な課題です。この課題を解決するための1つの手段として、年休について1年間の取得目標を設定することとしました。この目標を達成するため、業務の繁閑を見て年休を計画的、積極的に取得するように努めてください。

　　（年休の目標）1年間（4〜3月）に全員10日以上取得する。

以上

（参考）昨年度の取得実績

|  | 1人平均取得日数 | 取得日数が10日未満の社員数 | 備考 |
|---|---|---|---|
| 〇〇部 |  |  |  |
| 〇〇部 |  |  |  |
| 〇〇部 |  |  |  |
| 〇〇部 |  |  |  |
| 〇〇部 |  |  |  |
| 会社全体 |  |  |  |

### ②　結果を知らせる

　目標の設定期間が経過したときは、目標をどの程度達成することができたか、その結果を社員に知らせる。結果を知らせることにより、制度に対する関心をさらにいっそう高めることができる。

**様式例5－23　年休実績の社員への通知**

---

　　　　　　　　　　　　　　　　　　　　　　　　○○年○○月○○日

社員各位

　　　　　　　　　　　　　　　　　　　　　　　取締役社長

　　　　　　　年休取得の結果について（お知らせ）

　労働時間の短縮と社員の健康の確保は、会社の重要な課題です。この
課題を解決するための1つの手段として、昨年度は、年休について1年
間の取得目標を設定し、皆さんにチャレンジしていただきました。
その結果は、次のとおりでした。
年休目標の設定は、本年度も継続します。目標を達成するため、業務の
繁閑を見て年休を計画的、積極的に取得するように努めてください。

　　（年休の目標）1年間（4～3月）に全員10日以上取得する。

○昨年度の取得実績

| | 1人平均取得日数 | 取得日数が10日未満の社員数 | 備考 |
|---|---|---|---|
| ○○部 | | | |
| ○○部 | | | |
| ○○部 | | | |
| ○○部 | | | |
| ○○部 | | | |
| 会社全体 | | | |

　　　　　　　　　　　　　　　　　　　　　　　　　　　　以上

---

# 17　年休の計画的付与制

## (1)　労働基準法の規定

### ①　年休の計画的付与

　年休は、社員が日にち（時季）を指定して会社に申し出て、指定し
た日に取得するのが原則である。これに対して、会社があらかじめ日

にちを指定して計画的に付与する制度を「年休の計画的付与」という。

　年休の計画的付与について、労働基準法は、次のように規定している（第39条第6項）。

　「使用者は、労働組合（労働組合がないときは、労働者の代表者）との間において、年休を与える時季に関して協定を締結したときは、年休のうち5日を超える部分については、その協定で定める時季に与えることができる。」

　年休の取得率が低く、かつ、労働時間の長い会社は、この制度を活用して年休の取得状況の改善と労働時間の短縮を図るのがよい。

　②　長期連続休暇の実施

　計画的付与により、長期の連続休暇を実施することができる。例えば、土日を休日とする週休二日制の場合、次のとおりである。

　　　　1日目➡土曜（週休日）

　　　　2日目➡日曜（週休日）

　　　　3日目➡月曜（年休日）

　　　　4日目➡火曜（年休日）

　　　　5日目➡水曜（年休日）

　　　　6日目➡木曜（年休日）

　　　　7日目➡金曜（年休日）

　　　　8日目➡土曜（週休日）

　　　　9日目➡日曜（週休日）


⑵　**計画的付与の方法**

　計画的付与には、実務的に、次の3つの方法がある。

　①　個人別に時季を指定する

　②　同じ期間に全社員一斉に時季を指定して付与する（これにより、夏休みなどを実施し、会社は休業とする）

　③　各部署を2つか3つのグループに分け、グループごとに時季を

指定して休ませる

　全社員一斉方式の場合には、会社を休業とするので、年休の日数が10日に満たない者（勤続の短い者、パートタイマーなど）の取り扱いを決めることが必要である。

　年休の日数が少ない者の取り扱いとしては、

　・休業手当を支払う

　・特別に有給休暇を付与する

などがある。

図表5－19　各方式の例

| | 例 |
|---|---|
| 個人別時季指定方式 | ・社員A＝8月1〜5日<br>・社員B＝8月4〜8日<br>・社員C＝8月7〜11日<br>・社員D＝8月10〜14日<br>・社員E＝8月13〜17日 |
| 全社員一斉時季指定方式 | 8月1〜5日 |
| グループ別時季指定方式 | ・Aグループ＝8月1〜5日<br>・Bグループ＝8月8〜12日 |

（注）5日を一括して付与する場合

(3)　計画的付与日の決定と通知

　各人別に付与する方式の場合には、

　・業務の繁閑（職場全体の忙しさ）

　・各人の希望

を踏まえて、「誰を、いつ休ませるか」を決める。

　会社の立場からすると、積極的・自主的に「○○月○○日に年休を取りたい」と申し出てくれると、大変ありがたい。しかし、職場によっては、そのようなことは期待できない。やはり、役職者の方から「○

○月○○日に年休を取得するように」と、時季を指定して休ませるのが現実的であろう。

## 様式例5−24　年休の計画的付与の通知書

○その1　（個人別付与の場合）

　　　　　　　　　　　　　　　　　　　　　　　○○年○○月○○日

社員各位

　　　　　　　　　　　　　　　　　　　　　　　　取締役社長

　　　　　　年休の計画的付与について（お知らせ）

労使協定に基づき、年休を次のとおり付与する。

| 所属 | 氏名 | 年休日 | 備考 |
|---|---|---|---|
| | | ○○日（ ）<br>〜○○日（ ） | |
| | | ○○日（ ）<br>〜○○日（ ） | |
| | | ○○日（ ）<br>〜○○日（ ） | |
| | | ○○日（ ）<br>〜○○日（ ） | |
| | | ○○日（ ）<br>〜○○日（ ） | |
| | | ○○日（ ）<br>〜○○日（ ） | |

　　　　　　　　　　　　　　　　　　　　　　　　　　　以上

○その2（全社員いっせい付与の場合）

---

　　　　　　　　　　　　　　　　　　　　　　　　○○年○○月○○日

社員各位

　　　　　　　　　　　　　　　　　　　　　　　　　　取締役社長

　　　　　　　　年休の計画的付与について（お知らせ）

労使協定に基づき、年休を次のとおり付与する。

1　○○月○○日（月）から○○月○○日（金）までの5日間、全員
　　いっせいに付与する。

2　保有日数から5日を超える部分が4日以下の者に対しては、不足す
　　る日数を特別に付与する。

3　この期間会社は休業とし、会社が必要と認める者を除き、社員の職
　　場への立ち入りを禁止する。

　　　　　　　　　　　　　　　　　　　　　　　　　　　　　　以上

---

○その3（グループ別に付与する場合）

---

　　　　　　　　　　　　　　　　　　　　　　　　○○年○○月○○日

社員各位

　　　　　　　　　　　　　　　　　　　　　　　　　　取締役社長

　　　　　　　　年休の計画的付与について（お知らせ）

労使協定に基づき、年休を次のとおり付与する。

1　付与期間

| Aグループ | ○○月○○日（月）から○○月○○日（金）まで（5日間） |
| Bグループ | ○○月○○日（月）から○○月○○日（金）まで（5日間） |

2　グループ編成

　　A・Bのグループ編成は、課ごとに、課長が課員の希望を聞いて決定
する。

　　　　　　　　　　　　　　　　　　　　　　　　　　　　　　以上

---

125

## ⑷　就業規則への記載

　年休の計画的付与を実施するときは、就業規則にその旨を記載することが必要である。

### 〈就業規則への記載例〉

（年次有給休暇）

第○条　6か月以上継続勤務し、かつ、所定労働日の8割以上労働した者については、法令に定める日数の有給休暇を与える。
2　年次有給休暇を取得するときは、その前日までに会社に届け出なければならない。
3　請求された時季に年次有給休暇を与えると、業務の正常な運営に支障が生じる場合には、他の時季に変更することがある。
4　年次有給休暇のうちの5日を超える部分については、労使協定を締結することにより計画的に付与することがある。

# 18　年休の時季指定付与制

## ⑴　労働基準法の規定

　年休は、社員が日にち（時季）を指定して会社に申し出て、その日に取得することが原則である。これに対して、会社が日にちを指定して付与することを「年休の時季指定付与」という。

　労働基準法は、年休の時季指定付与について「使用者は、年休を10日以上付与されている労働者に対し、5日については時季を定めて与えなければならない。ただし、労働者自身の時季指定、または計画的付与制度によって付与された日数分については、5日から控除する」と定めている。

　年休の時季指定付与制度を実施しないと、30万円以下の罰則を科せられる。

　この制度は、

・年休の取得状況を改善できる

・労働時間の短縮を図れる

という効果がある。


## ⑵　時季指定付与制の運用

### ①　付与の日数

　時季を指定して付与すべき日数は、5日である。5日を上回っても
いけないし、下回ってもいけない。

　なお、本人が時季を指定して取得した日数、または労使協定に基づ
いて計画的に付与した日数があるときは、その日数を5日から差し引
く。例えば、本人が時季を指定して取得した日数が5日以上ある者に
ついては、会社が時季を指定して付与すべき日数はゼロである。

　なお、付与する日を特定するときは、本人の意見を聴くことが望ま
しい。


**図表5－20　会社が時季指定する日数**

> ・原則➡5日
> ・労働者の時季指定、または計画的付与で与えた年休が1日あると
> 　き➡4日
> ・労働者の時季指定、または計画的付与で与えた年休が2日あると
> 　き➡3日
> ・労働者の時季指定、または計画的付与で与えた年休が3日あると
> 　き➡2日
> ・労働者の時季指定、または計画的付与で与えた年休が4日あると
> 　き➡1日
> ・労働者の時季指定、または計画的付与で与えた年休が5日あると
> 　き➡ゼロ


### ②　付与する期間

　時季指定による付与は、年休付与日から1年の間に行わなければな
らない。

### ③　付与する時期

いつ付与するかは、会社の自由である。

年休は、本来的に、社員が日にちを決めて取得すべきものである。会社が「この日に休むように」と指示すべきものではない。また、自身の旅行、家族旅行、家族サービス、スポーツ観戦、子どもの入学・卒業・運動会などの計画を立てて年休を取得する者も多い。

これらのことを考えると、新規に付与した日からすぐに時季を指定して付与するのは好ましくないといえよう。それよりは、新規付与日からしばらくの間は社員自身の自由に委ね、9か月、10か月経過し、「このままの状態で経過したら取得日数が4日以下になりそうだ」と見込まれる時点で、本人と話し合って付与日を決めるのが適切であろう。

### 様式5−25　年休の時季指定付与通知書

○その1

```
                                    ○○年○○月○○日
○○部○○課○○○○様
                                         取締役社長
          年休の時季指定付与について（お知らせ）
  労働基準法第39条の定めるところにより、次のとおり時季を指定して
年休を付与する。
     （年休日）○○月○○日、○○月○○日
                                              以上
```

○その2

> ○○年○○月○○日

社員各位

> 取締役社長

年休の時季指定付与について（お知らせ）

労働基準法第39条の定めるところにより、次のとおり時季を指定して年休を付与する。

| 所属 | 氏名 | 年休日 | 備考 |
|------|------|--------|------|
|      |      |        |      |
|      |      |        |      |
|      |      |        |      |
|      |      |        |      |
|      |      |        |      |

> 以上

## (3) 就業規則への記載

休暇は、重要な労働条件の一つである。このため、就業規則の記載事項とされている。そこで、年休の時季指定付与について記載する。

### 〈就業規則への記載例〉

（年次有給休暇）
第○条　6か月以上継続勤務し、かつ、所定労働日の8割以上労働した者については、法令に定める日数の有給休暇を与える。
2　年次有給休暇を取得するときは、その前日までに会社に届け出なければならない。
3　請求された時季に年次有給休暇を与えると、業務の正常な運営に支障が生じる場合には、他の時季に変更することがある。
4　年次有給休暇のうちの5日を超える部分については、労働組合との協定により計画的に与えることがある。
5　年次有給休暇の付与日数が10日以上の者については、そのうちの5日について、付与日から1年以内に、時季を指定して与える。ただし、本人の時季指定または計画的付与制度により付与した日数があるときは、その日数を5日から控除する。

# 19　業務の改善と生産性の向上

## (1)　業務の改善

### ①　業務の進め方と残業削減

　長時間残業を削減するためには、フレックスタイム制、深夜残業の抑制（1か月の回数制限、全面禁止）、1か月の上限目標の設定など、「制度面の施策」と並んで、業務の改善、パートタイマーの活用など、「非制度面の対応」をすることも必要である。制度面の施策だけ講ずれば、自動的に残業が減少するというわけではない。

　非制度面の対応の中で最も重要なのは、業務の改善（生産性の向上）である。すなわち、時間当たりの仕事の成果を増加させることである。

　仕事については、「今までと同じやり方で、今までと同じ時間をかけてやる」というのが一般的である。誰もがそのように考えている。しかし、それでは生産性は向上せず、残業は減らない。

　残業を減らすためには、社内で行われているすべての業務について、

　・仕事の進め方は適切か。改善・改良する余地はないか

　・仕事に投入している時間は適切か。減らせる時間はないか

をチェックする必要がある。

### ②　提案を募る

　業務の改善の方法は、本来的には、会社が主導して実施すべきものであろう。しかし、会社側の知恵と工夫だけでは、限界がある。

　仕事を実際にするのは、経営者や役職者ではなく、一般の社員自身である。社員の中には、日常の仕事を通して、「このように仕事を進めたらよいのではないか」「このようにしたら少ない時間でもっと多くの成果が出るのではないか」というアイディアを持っている者がいる。

　会社としては、そのような社員自身のアイディアを尊重し、活用す

るのが望ましい。このため、仕事の改善・改良、生産性の向上策について、広く社員から提案を募るのがよい。そして、出された提案について、

　・実行可能な提案か

　・どの程度の成果が見込まれるか

という観点から、予断を交えることなく公正に評価する。そして、優れた提案を表彰するとともに、その提案を実施に移す。

**様式例5－26　提案用紙**

| 提案書 |||
|---|---|---|
| 業務改善委員会宛 |||
| （提案日）〇〇月〇〇日 |||
| 所属 | | 氏名 |
| 1　タイトル | |
| 2　提案の内容（仕事の改善・改良等の方法） | |
| 3　期待される効果の内容 | |
| 4　その他 | |
| 以上 |||

(2)　**業務の必要性の見直し**

①　**業務内容の見直し**

　職場では、さまざまな業務が行われている。当然のことではあるが、どの業務も一定の必要性があるからこそ、行われはじめたのである。

　業務の必要性は、時とともに変化するものである。はじめは必要性

が大きくても、次第に必要性が低下するものもある。しかし、必要性が低下しても、継続的に行われている仕事が少なくない。どの部門も、「以前から行われてきたから」という理由で、仕事を継続する。

　現在行われている仕事を「これまで行われてきたから」という理由で継続していたのでは、長時間残業を削減することは難しい。

　②　見直しの基準

　長時間残業の削減、労働時間の短縮のためには、現在職場で行われているすべての業務について、図表に示すような観点から評価・判定することが必要だ。その結果、「廃止しても差し支えない」と評価・判定されたものは、おもいきって廃止する。

**図表5-21　業務継続の評価基準**

| |
|---|
| ①　その部門の本来の業務目標を達成するうえで必要か（その業務を廃止したら、部門の業務目標の達成において支障が生じるか） |
| ②　他の部門の業務を支援する役割を果たしているか（その業務を廃止したら、他の部門の業務に支障が生じるか） |
| ③　取引先や消費者に喜ばれるものであるか（その業務を廃止したら、取引先や消費者からクレームを受けるか） |
| ④　経営者の経営判断、意思決定に役立っているか（その業務を廃止したら、経営者の経営判断、意思決定に支障が生じるか） |
| ⑤　法令で実施、作成、報告等が義務付けられている業務か（その業務を廃止したら、法令に違反するか） |

### (3)　会議の生産性向上

　①　会議は効率的か

　中堅社員や役職者の中には、日中、会議に追われている者が少なくない。「日中は会議の連続で、自分本来の仕事がほとんどできない」と言う者もいる。

会議は、組織としての意思決定、指示命令の徹底、情報の共有化、目的の統一性の確保などの上で必要不可欠である。しかし、それと同時に、「議題にあまり関係のない者も参加させられている」「時間が長すぎる」「予定時刻が来ているのに始まらない」など、問題があるのも事実であろう。

残業の削減、労働時間の短縮のためには、会議について、無駄の排除、効率の向上に努めることが必要である。

② 会議の見直しのポイント

会議の効率化、生産性の向上のため、定例的に開かれている会議、開催頻度の高い会議について、図表に示すような観点から、客観的かつ公正に、その実態をチェックすることが望ましい。そして、改善すべきところは、積極的に改善していく。

**図表5-22 会議の見直しのポイント**

| ① 開催日時、開催場所は、あらかじめ出席者全員に周知しているか |
|---|
| ② 開催の日時、時間帯は適切か |
| ③ 出席者の範囲は適切か |
| ④ 開始時刻までに全員着席しているか |
| ⑤ 定刻に開始しているか |
| ⑥ 進行は、手際よく行われているか。議事進行がつまづくことはないか |
| ⑦ 中座する者はいないか。中座したために、会議の進行がストップすることはないか。中座した者は、すぐに戻っているか |
| ⑧ 事前に資料を作成し、出席者に配布しているか |
| ⑨ 終了時に、決定事項を全員で確認しているか |
| ⑩ 予定時刻に終了しているか |

③ 会議のルールを決める

会議の効率化と生産性の向上のため、会議について、

・主催する部門が守るべきルール

・出席者が守るべきルール

を決めることが望ましい。

### 図表5−23　会議の主催者が守るべきルール

| ① | 会議開催の目的を明確にする |
|---|---|
| ② | 開催目的を踏まえて出席者を絞り込む |
| ③ | あらかじめ会議の開催目的、日時、場所を出席者に周知する |
| ④ | 会議を手際よく進めるため、事前に資料を作成するようにする。作成したときは、出席者に配布する |
| ⑤ | 予定開始時刻前に開催場所に行き、出席者を待つ |
| ⑥ | 予定時刻に開始する |
| ⑦ | あらかじめ議事進行の責任者を決めておく |
| ⑧ | 議事進行者は、多くの出席者に発言の機会を与えるように努める |
| ⑨ | 予定時刻に閉会する。終了時刻を遅らせるときは、出席者の承諾を得る |
| ⑩ | 終了時に、決定事項を確認する |
| ⑪ | 議題、日時、場所、出席者氏名、議事の進行と結果を記録に残しておく |

### 図表5−24　会議の出席者が守るべきルール

| ① | 定刻までに着席する |
|---|---|
| ② | 資料が事前配布されているときは、事前に眼を通す |
| ③ | 議事の進行に協力する。進行を妨げることをしない |
| ④ | 発言を求められたときは、発言する |
| ⑤ | 中座しない。中座したときは、すぐに戻る |
| ⑥ | 会議中に私語を交わさない |
| ⑦ | 会議が終了したらすぐに退席する |

## ⑷ 報告書の見直し

### ① 報告書の役割

会社は、経営者による経営判断、役職者による部門の業務管理（生産管理、在庫管理、販売管理、雇用管理、資金管理等）に役立てる目的で、社員に対してさまざまな報告書の作成・提出を求めている。

現場における業務の進捗状況や結果を経営者や経営幹部に伝えるうえで、報告書はきわめて重要である。一定規模以上の会社で、報告書の提出はいっさい求めないという会社は存在しないであろう。

報告書は、正確に記載・作成されなければならない。正確さを欠くと、経営判断等をミスリードすることになり、その影響は大きい。このため、報告書の作成には、一定の時間を要する。

### ② 報告書の見直しと残業削減

報告書は、ひとたび作成が始まると、よほどのことが生じない限り、永続的に作成され続けるという性格を持っている。しかし、経営環境が変化すれば、報告書の役割や必要性も変化するものだ。

労働時間の短縮、残業の削減のためには、報告書の作成に要する時間を少しでも減らす必要がある。このため、現在作成されているすべての報告書について、「経営判断に活用されているか」「作成しやすい様式になっているか」などを、客観的、かつ公正に見直すことが望ましい。

報告書の見直しのポイントを示すと、図表のとおりである。

## 図表5−25　報告書の見直しのポイント

| | |
|---|---|
| ① | 経営判断、または部門の業務管理に活用されているか。経営者や役職者は、報告書にどの程度眼を通しているか |
| ② | その報告書が作成・提出されないと、経営判断、または部門の業務管理に相当の支障が生じるか |
| ③ | 報告書の記載項目は適切か。項目が過剰でないか |
| ④ | 報告書は社員が記載しやすい様式（フォーマット）になっているか |
| ⑤ | 報告書の提出頻度は適切か（日報、週報、月報、年報等） |
| ⑥ | 報告書の提出期限は適切か |
| ⑦ | 口頭による報告に変更できないか |

### ③　報告書の改善

見直しの結果を踏まえて、

・記載項目を変更する

・提出頻度を変える（日報➡週報、週報➡月報、月報➡旬報等）

・2つ以上のものを1つに統合する

・廃止する

などの措置を講ずる。

## ⑸　業務計画の作成

### ①　業務計画の作成と時間の有効活用

　事務（総務、経理、人事労務等）、営業、商品開発、研究、システム設計などの職種では、業務の遂行について裁量性が大きいため、「今日、何をすべきか」の決定は、担当者の判断に委ねられているのが一般的である。業務の性格上、上司（役職者）が1日、1週、あるいは1か月の各日の業務の内容を具体的に指示することはきわめて困難である（補助職の業務は除く）。

このような裁量性の大きい業務では、あらかじめ合理的な計画（スケジュール）を立てて業務に取り組まないと、「今日は何をしようか」「次は何をすべきか」を考えるため、どうしても時間の無駄、ロスが生じる。1回当たりのロス時間は短くても、1週あるいは1か月という期間でみると、相当の時間に達する。

　しかし、あらかじめ合理的・現実的な業務計画が立てられていれば、限られた勤務時間を有効に活用できるようになり、時間のロスが生じる可能性は少ない。このため、裁量性の大きい業務を担当する社員については、1週、あるいは1か月の業務計画を立てることを求めるのがよい。

**図表5－26　業務計画制度の内容**

| ① | 一人ひとりが1週、あるいは1か月の業務計画を作成する |
|---|---|
| ② | 業務計画を上司に提出する |
| ③ | 上司は、業務計画の内容が部門の業務計画、本人の能力等から判断して妥当であるかを精査する。妥当であると認めたときは、これを承認する |
| ④ | 社員は、承認された業務計画にしたがって業務を遂行する |
| ⑤ | 社員は、業務計画の期間が経過したときは、計画の達成度を自己評価する |
| ⑥ | 自己評価の結果を上司に提出する |

**②　業務計画の作成基準**

　業務計画は、自分の業務を効率的に遂行する目的で作成するものである。したがって、実行可能なものでなければ意味はない。

　業務計画は、次のものを十分に踏まえて作成するよう、社員に求める。これらの基準に照らして業務計画が適切でないと認められるときは、本人にその旨を伝え、修正を求める。

・部門の業務計画、業務目標

・業務の遂行能力

・職場における自分の地位、役割

③　業務計画表の例

業務計画表の例を示すと、様式例のとおりである。

## 様式例５－27　業務計画表

○その１（週間業務計画）

| 業務計画表（○○月○○日〜○○月○○日） | | | | | |
|---|---|---|---|---|---|
| 所属 | | ○○部○○課 | 氏名 | | ○○○○ |
| 日 | 曜日 | 業務計画 | | 時間外勤務予定 | 備考 |
| | 月 | ① ② ③ | | | |
| | 火 | ① ② ③ | | | |
| | 水 | ① ② ③ | | | |
| | 木 | ① ② ③ | | | |
| | 金 | ① ② ③ | | | |
| | 土 | ① ② ③ | | | |
| ○業務計画達成度の自己評価（週末に記入） | | | | | |
| □計画を上回った　□ほぼ計画通り　□計画をやや下回った □計画を下回った | | | | | |

以上

○その２（月間業務計画）

業務計画表（○○年○○月）

| 所属 | ○○部○○課 | 氏名 | ○○○○ |
|---|---|---|---|

| 今月の業務目標 | 1<br>2<br>3 |
|---|---|

| | 業務計画 | 出張・会議・年休等 | 特記事項 |
|---|---|---|---|
| 1～10 | 1<br>2<br>3<br>4<br>5 | | |
| 11～20 | 1<br>2<br>3<br>4<br>5 | | |
| 21～31 | 1<br>2<br>3<br>4<br>5 | | |

（注）業務目標、業務計画は、部門の業務計画および自己の役割・責任等を踏まえて具体的に記載すること。

○業務計画達成度の自己評価（月末に記入）

□計画を上回った　□ほぼ計画通り　□計画をやや下回った
□計画を下回った

以上

# 20　一般職・パートタイマーの活用

## (1)　一般職の活用

### ①　コース別制度の趣旨

社員を、その能力と意欲に応じて、

・補助的、定型的な業務を担当する職掌（一般職）

・基幹的、または専門的な業務を担当する職掌（総合職）

の２つに区分して処遇するという人事管理（いわゆるコース別制度）を行っている会社が少なくない。

コース別制度の場合、総合職は、幅広い知識と総合的な判断力を必要とする基幹的な業務、または高度の専門知識を要求される専門業務に専念するのが本来のあり方である。

しかし、実際には、総合的な判断力も専門知識も必要としない、比較的容易な業務の遂行に相当の時間を割いているといわれる。このため、総合職に相当の負担がかかっている。総合職は、ほぼ毎日のように残業をしているのに、一般職は定時で退社するという光景が多くの職場でみられる。

### ②　一般職の活用

総合職の長時間残業の削減のためには、

・総合職の業務内容を全面的に見直す

・一般職が遂行できる業務は一般職に担当させる

ことにする必要がある。

**図表5－27　総合職の業務の見直しのポイント**

○次のような業務に相当の時間を費やしていないか。
①　定型的、繰り返し的要素の強い業務
②　比較的短期間で習熟できる業務
③　一定期間経験すれば円滑に遂行できるようになる業務
④　責任の程度が比較的軽い業務
⑤　創造力、企画力、分析力、折衝力をそれほど必要としない業務

## ⑵　パートタイマーの活用

　会社では、さまざまな業務が行われている。会社の中核を構成する基幹的・管理的な業務もあれば、その中核的な業務を補助する業務もある。幅広い知識と一定の経験を必要とする業務もあれば、一般的な知識があれば処理できる、比較的単純な業務もある。また、責任の程度がきわめて重い業務もあれば、それほど重くない仕事もある。

　仕事は、一般的に「増え続ける」という性格を持つ。仕事の量が減ることは、不況のときを除けば普通は考えにくい。

　一方、正社員の人員は、限られている。人件費は高いので、どの会社も、正社員の人員増には慎重である。

　正社員だけで会社の業務をすべて処理していたら、残業時間は増加する一方である。残業を削減するためには、パートタイマーを雇用し、

　・定型的、繰り返し的要素が強く、一般的な知識と理解力があれば
　　処理できる軽易な業務
　・比較的短期間で習熟できる業務
　・一定期間経験すれば円滑に遂行できるようになる業務
　・責任の程度が比較的軽い業務
　・その他、給与の高い正社員がする必要のない業務
を担当させるのが合理的・現実的である。

# 21　長時間残業部門の業務改善計画

## ⑴　長時間残業部門の残業削減

### ①　長時間残業の実態

「残業時間が長い」といわれる会社が多いが、その実態は会社によって異なる。一般的には、すべての部門で1人1か月平均40～50時間程度の残業が行われているというケースが多いが、特定の部門の残業が突出して多いという会社もある。

　例えば、多くの部門の残業が1か月20～30時間程度（1人平均）であるのに、特定の1、2の部門では50～60時間に及んでいるというケースである。

　部門によって、業務の内容が異なる。そこに配属されている人員も違う。したがって、部門により残業に差が生じるのはやむを得ない。しかし、「突出して多い」というのは、組織の一体性の維持、社員の労働負担の平等性という観点から判断して好ましくない。

### ②　残業が特に多い理由

　残業が他の部門よりも突出して多い理由が次のいずれかであれば、誰もが納得するであろう。

・仕事の量に比較して人員が極端に少ない

・きわめて専門的な知識、または特殊な技術を必要とする業務である

しかし、そうでない場合には、問題であろう。

　人員が他の部門並みに配置され、かつ、業務内容が専門知識・特殊技術を必要としないにも関わらず、残業が特別多いという部門がある場合には、会社全体の残業削減に先立って、その部門の残業削減に取り組むことが必要である。特定の部門の長時間残業をそのままにして、その他の部門の残業対策を進めることはあまり意味のないことである。

## ⑵　業務の改善と残業の削減

　残業は、業務の量に比較して人手（労働力）の量が少ないために生じるものである。したがって、社員を追加的に募集・採用して人手の量を増やせば、残業問題は解決する。

　しかし、人員増は簡単にはできない。人員増ができないとすれば、業務の遂行について改善・工夫を払う以外に方法はない。

**図表５－28　残業削減のための業務の改善の内容**

| |
|---|
| ・業務の遂行手順の見直し |
| ・標準作業時間の設定 |
| ・業務の計画的遂行（１日・１週・１か月の業務計画の作成） |
| ・会議、打ち合わせ、ミーティングの効率化 |
| ・社員間の業務分担の見直し |
| ・パートタイマーの活用（定型的・補助的な作業を処理させる） |
| ・ノー残業デーの実施 |
| ・全員退社時間の設定 |
| ・深夜残業、休日出勤の禁止 |
| ・その他 |

## ⑶　役職者による業務改善計画の作成

　残業削減のための業務の改善は、確実に実行されることが必要である。このため、人事部としては、現場の責任者（課長、営業所長、工場長等）に対して、残業削減の必要性（社員の健康の維持、労働基準法による残業の上限規制、総労働時間の短縮、疲労による災害や事故の防止、残業代の削減等）を説明したうえで、残業削減のための業務改善計画を社長に提出するように求める。

　人事部は、その計画が適正であるかを評価する。適正であると評価されるときは、提出者に対して、計画を実施するように求める。

○○年○○月○○日

取締役社長殿

○○課長

残業削減のための業務改善計画

| 1　業務改善の内容 | 1<br>2<br>3<br>4<br>5 |
|---|---|
| 2　実施期間 | ○○年○○月○○日～○○年○○月○○日 |
| 3　特記事項 | |

以上

## 22　残業削減週間・月間の設定

### ⑴　残業削減週間・月間の趣旨

　ある問題の発生頻度を低下させるには、その問題に対する関係者の関心を高めることが重要である。

　例えば、交通事故の発生件数を低下させるためには、一般の市民やドライバーが交通安全の重要性・必要性への関心を持つ必要がある。

　残業（時間外労働）の削減についても、同様のことがいえる。社員すべてが残業について一定の関心を抱き、「残業を削減することがどうして必要であるか」をしっかり認識することが求められる。

　残業は、社員にとって「収入増」という側面を持っているため、残業を期待する者もいる。それだけに、残業の削減には、一般社員の理解と協力が必要不可欠であり、関心を高めることの必要性が大きい。

　残業削減への関心を高めるため、定期的に運動を展開する。例えば、毎月１回、「残業削減週間」を設けたり、毎年１か月程度を「残業削

減月間」としたりする。

### (2) ノー残業ウィーク・ポスターの掲示その他

残業削減週間・月間には、残業削減への関心を高める行事を行う。

**図表5−29　残業削減週間・月間の行事**

| |
|---|
| ・残業を原則禁止とする「ノー残業デー」または「ノー残業ウィーク」を設ける |
| ・職場に残業削減を呼びかけるポスターを掲示する |
| ・会社の残業の情報を掲載したペーパーを発行し、社員に配布する |
| ・職場ごとに、残業削減策を話し合う懇談会を開催する |
| ・その他 |

## 23　残業削減協力金の支給

### (1) 残業削減協力金の支給の趣旨

#### ①　残業削減と社員の協力

会社は、

・社員の健康の維持

・快適な職場環境、労働環境の形成

・経費の削減

などのために、総労働時間の短縮、残業の削減に積極的・計画的に取り組むことが必要である。「1年720時間」「1か月100時間未満（休日労働を含む）」という労働基準法の上限まで社員を働かせるという経営姿勢は、望ましくない。

長時間残業が行われている会社、残業が日常化・恒常化している会社にとって、残業の削減は重要な経営課題である。また、健康の確保、個人生活の充実という観点からすると、残業の削減は社員にとっても

きわめて重要なことである。

　しかし、社員にとって、残業の削減は「残業代収入の減少」という側面を持つ。残業代を固定収入としてとらえ、残業代を当て込んだ生活をしている社員も少なくはない。

　さらに、会社は、「生産性を低下させない」「生産・販売量を落とさない」という前提で残業削減を図るから、残業削減によって労働が強化されるケースも多い。

　残業は、社員の日常の業務と密接に結びついているため、社員の理解と協力がなければ残業の問題は解決しない。

②　**残業削減協力金の内容と事例**

「残業削減協力金」は、

①　会社として、一定の目標を明確にして残業の削減に取り組む

②　目標期間が経過したときに、残業の削減状況を確認する

③　残業が削減され、残業代の支払総額が減少したときに、その褒賞・報酬、または代償として、一定の金額を支払う

というものである。

　例えば、「今年度（4～翌年3月）の残業を前年度よりも1人1か月平均5時間以上削減する」という目標を立ててチャレンジする。その目標を達成でき、残業代5,000万円を削減できたときは、その5,000万円の全部または一部を「残業削減協力金」あるいは「特別褒賞金」という名目で社員全員に支払う。

## 図表5－30　支給事例

| |
|---|
| ①　1か月の残業（1人平均）が前年同月に比較して○時間以上減少したときに、削減残業代の50％を全社員に配分する |
| ②　四半期の総残業が前年同期を○％以上削減されたときは、削減残業代の60％を組合員に支給する（生産部門で実施） |
| ③　半期の残業（1人平均時間）が前年同期に比較して○％以上減少したときに、協力金（支給原資は、削減額の○％）を支給する |
| ④　年間（1～12月）の残業が1人1か月平均2時間以上減少したときに、削減された残業代の50％を、翌年3月に全社員に配分する |

### (2)　残業削減協力金制の設計

#### ①　対象の部門

はじめに、

・全社的に実施するか

・特定の部門で実施するか

を決める。

　全社的に残業が多く、残業を削減する必要性があるときは、全社的に実施すべきであろう。これに対して、残業が特定の部門に限られている場合には、残業の多い部門に限定して実施するのが現実的であろう。

#### ②　対象者の範囲

　対象者は、「残業代を支給されている者」とし、残業代を支給されていない者（課長以上の役職者、みなし労働時間制を適用されている者）は除く。

#### ③　協力金の算定期間

　協力金の算定期間（すなわち、残業削減の対象期間）については、一般に、1か月、四半期、半期（上半期、下半期）および1年の4つ

がある。

　日常化・恒常化している残業を削減するためには、ある程度の期間をかけて計画的・組織的に取り組む必要がある。１、２か月程度の短い期間で成果を出すのは、相当に難しい。このため、算定期間は、半期あるいは１年とするのが適切であろう。

　④　算定指標

　算定指標としては、実務的に、

　・１人平均の残業時間

　・総残業時間

の２つが考えられる。

　一般の社員にとって、「総残業時間」というのは理解しにくい。会社から「総残業時間を減らそう」といわれても、実感をともなわない。このため、１人平均の残業時間を算定指標として選択するのが適切であろう。

　⑤　残業の削減目標値

　残業の削減目標値を具体的に決める。目標値は、「残業（休日勤務を含む）を前年同期に比較して10％削減する」「今年度の１人１か月平均の残業を30時間以下にする」という形で、数値で具体的に示すことが重要である。

　目標値は、協力金を支給する条件でもある。いくら残業が減っても、目標値に届かなかった場合には、協力金は支給しないことにする。

**図表５−31　目標値の設定例**

| ①　上半期（４〜９月）の１人１か月平均の残業時間を30時間以下とする |
|---|
| ②　下半期（10〜３月）の１人１か月平均の残業時間を前年同期よりも10％削減する |
| ③　年間の残業時間を１人１か月平均25時間以下とする |
| ④　年度（４〜３月）の残業時間を前年度より10％削減する |

#### ⑥　協力金の支給原資の算定基準

　協力金は、「残業削減に協力してくれた社員の労に報いるために、削減された残業代の一部を社員に還元する」という趣旨で支給されるものである。したがって、その支給原資は、次の算式で算定するのが合理的である。

　　　支給原資＝削減された残業代×一定パーセント

　一定割合をどのように決めるかは、もとより各社の自由である。

　・残業の削減は、一般に「経営努力」によるところが大きい

　・残業は「仕事」があるからこそ発生するものであるが、「仕事」は会社が受注するものである

　・残業に対しては、残業代（時間外勤務手当）が支払われている

などを考慮すると、一定割合は「50％以下」とするのが適切であろう。

#### ⑦　各人への配分基準

　各人への配分については、

　・給与に応じて配分する

　・一律に配分する（同額配分）

の２つの方法がある。

　残業代（時間外勤務手当）は、給与を基準として算定することになっている。このため、協力金についても、各人の給与に応じて配分するのが合理的であろう。

⑧　協力金の支給日

協力金は、算定期間経過後の給与または賞与の支給日に支給する。

⑨　不支給の条件

経営環境は、常に変化している。経営者の経営努力にもかかわらず、外部の要因によって業績が大きく落ち込むときがある。例えば、景気の後退、災害、有力な取引先の経営不振・倒産などは、その代表的なものである。

外部の要因によって受注や生産販売が落ち込み、残業が減少したときは、協力金は支給しないことを明確にしておく。

⑩　制度の実施期間

正社員については、終身雇用が一般的である。終身雇用の下では、景気の変動に応じて労働力を調整することができない。したがって、残業をゼロにすることはきわめて困難である。

現実問題として残業をゼロにすることができないので、残業削減を長期にわたって続けることはできない。このため、協力金の支給制度については、一定の期間を定めて実施し、その期間が経過したら「継続するかどうか」を判断することにする。

実施期間は「2年程度」とし、2年経過したら、継続するか中止するかを決める。残業が1人1か月平均10〜20時間程度に低下していたら、その時点で中止する。

⑶　残業削減協力金制の実施基準

①　実施基準の作成

残業削減協力金の支給を制度として実施するときは、あらかじめその取扱基準を取りまとめておくことが望ましい。

**図表5−32　取扱基準に盛り込む事項**

| ① 実施部門 |
|---|
| ② 支給対象者の範囲 |
| ③ 協力金の算定期間 |
| ④ 協力金の支給条件（残業がどの程度削減されたときに、協力金を支給するのか） |
| ⑤ 協力金の支給原資の算定基準（協力金の支給総額をどのように算定するか） |
| ⑥ 各人への配分基準 |
| ⑦ 協力金の支給時期 |
| ⑧ その他 |

② **支給基準の例**

残業削減協力金の支給基準の例を示すと、次のとおりである。


〈**残業削減協力金の支給基準例**〉

○**その1（全社で実施する場合）**

時間外勤務削減協力金の支給基準

1　対象者の範囲

全社員。ただし、次の者は除く。

①　みなし労働時間制の適用者

②　時間外勤務手当を支給されていない役職者

2　協力金の算定期間

○○年4月1日〜○○年3月31日（1年）

3　協力金の支給条件

算定期間における、1人1か月平均の時間外勤務時間（休日勤務時間を含む）が○○時間以下になった場合

4　協力金支給原資の算定

支給原資＝（前年度の時間外勤務手当の総額−当年度の時間外勤務

手当の総額）×50％

5　配分方式（配分基準）

　各人の時間外勤務手当算定給与に応じて配分する。

6　協力金の支給日

　○○年夏季賞与の支給日

7　不支給条件

　算定期間において、景気の後退、災害の発生その他の外部要因によって受注が減少し、そのために時間外勤務が減少したときは、協力金は支給しない。

8　制度の実施期間

　2年とする。その時点において、時間外勤務の削減状況その他を考慮して、継続の可否を判断する。


○その2　（工場部門に限って実施する場合）

時間外勤務削減協力金支給基準

| 1 | 実施部門 | ○○工場、○○工場 |
|---|---|---|
| 2 | 対象者の範囲 | 上記の工場に勤務する社員。ただし、時間外勤務手当を支給されていない役職者は除く。 |
| 3 | 算定期間 | 半期（6か月） |
| 4 | 支給条件 | 算定期間における時間外勤務（休日勤務を含む。以下、同じ）が、次の時間以下に減少した場合。<br>（上半期）前年同期に比較して1人1か月平均○○時間<br>（下半期）前年同期に比較して1人1か月平均○○時間 |
| 5 | 協力金の支給原資 | 前年同期より減少した時間外勤務手当の総額の60％<br>（注）総額は、工場ごとに区分して算定する。 |
| 6 | 各人への配分 | 各人の給与に比例して配分する。<br>（注）配分は、工場ごとに行う。 |
| 7 | 支給日 | （上期分）年末賞与の支給日<br>（下期分）夏季賞与の支給日 |
| 8 | 不支給の条件 | 景気の後退その他で販売が減少し、そのために時間外勤務が減少した場合には、協力金は支給しない。 |
| 9 | 実施期間 | 1年 |

## ⑷ 社員への通知

　残業削減協力金を支給するときは、社員に対してその旨を伝え、残業の削減について理解と協力を求める。

### 様式例5－29　残業削減協力金の通知

　　　　　　　　　　　　　　　　　　　　　　○○年○○月○○日

社員の皆さんへ

　　　　　　　　　　　　　　　　　　　　　取締役社長

　　　　　　　残業の削減について（お知らせ）

　労働時間の短縮と社員の健康の確保は、会社の重要な経営課題です。そのためには、長時間残業を削減する必要があります。

　長時間残業を削減するために、会社は、次の措置を講ずることとしました。このことについて、皆さんの理解と協力を求めます。

1　今年度（4〜翌年3月）の残業を1人1か月平均○○時間以下とする。

2　上記の目標を達成するために、すべての職場において業務の見直しを行う。

3　目標を達成したときは、残業削減協力金を支給する。協力金の支給原資（支給総額）は、次のとおりとする。

　　支給原資＝（前年度の残業代の総額－当年度の残業代の総額）
　　　　　　　　×50%

4　協力金は、各人の給与に応じて配分し、○○年夏季賞与の支給日に支給する。

　　　　　　　　　　　　　　　　　　　　　　　　　　以上

# 第6章

## 残業削減委員会の設置と運営

## 1 委員会設置の趣旨と委員会の業務

### (1) 残業削減と業績

　残業（時間外労働・時間外勤務）は、社員一人ひとりの業務と密接に結びついている。役職者は、所管部門の業務目標を達成する目的で、部下に対して残業を命令するのであり、社員は、上司の命令により、命令された時間だけ（残業の自己申告制の場合は、自分で必要と判断した時間だけ）、残業を行う。

　残業が日常的・恒常的に行われている会社や、残業時間が長時間に及ぶ会社は、会社として社員の健康を維持するため、残業の削減に組織的・計画的に取り組むことが強く求められている。この場合、「残業を削減するためには、売上や生産・販売量を減少させてもかまわない」というのであれば、残業の削減は、比較的簡単である。

　しかし、どの業界においても会社間の競争がきわめて激しいという現実を考えると、そのような選択をする会社は、ほとんど存在しないであろう。「業績を低下させることなく、残業を削減したい」というのが、ほとんどの会社の本音であろう。

## (2) 委員会方式の効果

　残業については、労働基準法で一定の規制が行われている。したがって、残業の削減は、本来的には、人事部の主導で行うべき問題である。

　しかし、残業が日常の業務と密接に結びついていることを考慮すると、人事部主導で進めるよりも、各部門・各部署の代表者から構成される「残業削減委員会」を設置し、その委員会の主導で進めるのが効果的であろう。

　委員会方式を採用することにより、社員と各部門の理解と協力を得ながら、残業の削減を進めていくことが可能となる。

### 図表6－1　委員会方式の効果

| |
|---|
| ・残業削減に対する社員の意識を高めることができる |
| ・各部門の業務の実態にマッチした残業削減策を実施できる |
| ・社員の理解と協力を得ながら、残業を削減できる |

## (3) 残業削減委員会の業務

　会社は、組織を超えて対応すべき問題が生じたときに、委員会を設置して対応することが多いが、委員会方式を選択したときは、委員会の業務をあらかじめ明確にしておくことが必要である。

　残業削減委員会についても、まったく同様である。委員会がなすべき業務内容を明確にしておかなければ、委員会活動の成果を期待し難い。

　残業削減委員会の業務は、図表に示すようなものとするのが合理的・現実的であろう。

### 図表6−2　残業削減委員会の業務

| ① | 残業の現状分析（残業の現状の把握と問題点の分析） |
|---|---|
| ② | 残業削減の方策の検討（制度的な方策と非制度的な方策） |
| ③ | 残業削減目標の検討（いつまでに、残業を何時間とするか） |
| ④ | 残業削減の方策と目標値について、社長への提言書の取りまとめ |
| ⑤ | 残業削減についての、社員への啓発活動（残業削減を訴えるポスターの掲出など） |
| ⑥ | 残業削減のフォローアップ（残業が削減されているかを検証する） |
| ⑦ | その他残業削減に関すること |

## 2　委員の選任と委員会の運営

### (1)　委員の選任

#### ①　委員の選任単位

委員の選任については、

・部門の枠にとらわれずに選任する

・部門ごとに選任する

の2つがある。

　残業の実態は、部門によって異なるのが一般的である。また、部門によって業務内容が異なるため、残業削減策も異なる。さらに、残業の削減は、全社的に取り組むべき問題である。特定の部門だけが取り組めばいいという問題ではない。

　このようなことを考えると、委員は、部門単位で選任するのが適切であろう。

#### ②　選任の手続き

部門単位で委員を選任する場合、選任については、

・人事部長が、各部門の長に委員候補者の推薦を依頼する

・部門の長は、人事部長の依頼に応えて委員を推薦する

という手続きを踏むのがよい。

　なお、人事部長は、部門の長に委員推薦を依頼するに当たり、一定の条件（例えば、「部門の業務に精通し、かつ、勤務態度の良好な中堅社員」「勤続３年以上（課長以上の役職者を除く）」）を付けるのがよい。

### 様式例６−１　委員の推薦依頼

○○年○○月○○日

部長各位

人事部長

残業削減委員会の委員推薦について（お願い）

　会社は、全社的に残業の削減を推進するため、「残業削減委員会」を発足させることを決定しました。そこで、貴部の中から業務に精通し、かつ、勤務態度の良好な者（ただし、課長以上の役職者を除く）を１名、委員として推薦するよう、お願いします。

　なお、推薦は、○○月○○日（　）までにお願いします。

以上

### ③　委員名簿の作成と社長の承認

　人事部長は、各部門から委員の推薦を受けたときは、委員名簿を作成する。それを社長に提出し、承認を得る。

### 様式例６−２　委員名簿

| 部門 | 氏名 | 備考 |
|---|---|---|
|  |  |  |
|  |  |  |
|  |  |  |
|  |  |  |
|  |  |  |
|  |  |  |

④　辞令の交付

　残業削減委員会は、会社が「組織」として設置するものである。期間が限定されているものの、正式な組織である。このため、委員として推薦のあった者に対して、社長名で辞令を交付する。

**様式例６－３　委員委嘱の辞令**

```
                                        ○○年○○月○○日
○○部○○○○殿
                                    取締役社長○○○○印
                        辞令
    残業削減委員会の委員に任命する。
    （任期）○○年○○月○○日から１年間
                                              以上
```

⑤　委員の人員

　委員の人員を決める。

　人員が多すぎると、委員相互の自由な議論が難しくなる。自由に発言できないのでは、「多様な意見を吸収する」という委員会の目的を達成できない。逆に、委員の数が数名では、委員の個人的な主張や好みが強く反映される可能性がある。

　一般的には、委員数は、７、８名以上、15名程度以内とするのが適切であろう。

⑥　委員の任期

　「どのようにすれば残業を減らせるか」は、会社にとってきわめて重要な問題ではあるが、何年も議論を重ねるほどの問題ではない。数か月程度議論すれば一定の結論は得られるであろう。

　一方、委員会は、残業削減策の提言だけではなく、残業の削減が進んでいるかを確認・検証する任務もある。

　これらの事情を考慮すると、委員の任期は、１年程度とするのが現

実的といえよう。必要に応じて再任する。

⑦　委員の処遇

委員は、本来の業務に加えて、委員会活動を行うことになる。負担が増加するわけである。このため、一定の処遇をすることが望ましい。

委員の経済的な処遇については、実務的に、図表に示すような方法がある。

委員は、ボランティア活動として委員会に参加するのではない。会社の業務命令で委員としての活動を行うのである。したがって、委員が「管理監督者」でない場合には、委員の活動が時間外に行われたときに、時間外勤務手当を支払う必要がある。

**図表6－3　委員の処遇**

| ・一定の手当を支払う |
| --- |
| ・一定の手当のほか、活動が時間外にわたったときに時間外勤務手当を支払う |
| ・委員手当は支払わず、活動が時間外にわたったときに時間外勤務手当を支払う |

## (2)　委員会の役員と運営

### ①　委員会の役員

委員会の運営は、組織的・効率的に行われる必要がある。議事の進行に必要以上に時間がかかることは好ましくない。また、委員会を誰がいつ招集するかが明確になっていなければならない。委員会の運営を効率的に行うため、役員を置くのがよい。

役員は、委員長、副委員長、幹事および幹事補佐とする。

委員長は、最高責任者として委員会を統括する。委員の意見を取りまとめて、提言書を社長に提出することについて、責任を負う。副委員長は、委員長を補佐する。

幹事は、委員への各種の連絡、委員会の開催場所の予約・手配・確

保、各種資料の入手・配布、委員会と事務局との連絡など、委員会の活動の責任者となり、幹事補佐は、幹事を補佐する。

② 役員の選任方法

役員の選任には、

・委員の互選による

・社長が指名する

などの方法がある。

委員の互選で役員を選任するのがよい。

③ 委員会の開催と頻度

委員会は、委員長が招集することにより、開催するものとするのが適切であろう。

委員会は、おおむね1、2週に1回程度開催する。

④ 議事録の作成

委員会を開催したときは、議事録を作成し、議題および議事の内容等を記録しておくものとする

議事録の作成者は、委員長が指名する。

**様式例6－4　議事録**

| 残業削減委員会議事録 | | | |
|---|---|---|---|
| 開催日時 | | 開催場所 | |

○議題および議事経過

| 議題 | 議事の経過・内容 |
|---|---|
| 1 | |
| 2 | |
| 3 | |

| 出席者 | |
|---|---|
| 特記事項 | |

（作成者）○○○○印

## (3)　事務局

　委員会の活動は、効率的に行われることが望ましい。委員会の活動については、資料の作成、資料の事前配布など、多くの事務が発生する。また、委員は、自分の本来の業務を遂行するかたわら、委員会の活動を行うわけである。

　このような事情に配慮し、事務局を置くのが望ましい。残業は本来人事マターであるから、人事部を事務局とするのが現実的である。

## (4)　委員会の設置・運営要領の作成と要領例
### ①　委員の人選と委員会の活動開始

　会社として、委員会方式によって残業削減策と削減目標を決定することを決めたときは、できる限り速やかに委員の人選、委員の任命を行い、委員会をスタートさせることが望ましい。人選に必要以上の期間を要したり、委員の人員を減らしたり増やしたりすることは好ましいことではない。

　また、委員会の業務内容をあいまいにしたままで委員会をスタートさせると、混乱が生じる。委員も、「自分たちの役割はいったい何なのか」と不信感を持ち、活動の意欲を低下させる。

　残業削減委員会は、「業績への影響を抑えつつ、残業を削減する」という、会社にとってきわめて重要な問題を議論し、一定の方向を定めて社長に進言するための組織である。したがって、その立ち上げをめぐって混乱が生じることは避ける必要がある。

　委員会を整然と立ち上げるためには、委員の人員、人選の方法、委員の任期、委員会の業務内容などについて、あらかじめ合理的・現実的な「委員会設置・運営要領」として取りまとめておくことが望ましい。

### ②　設置・運営要領の例

　設置・運営要領に盛り込むべき主要項目は、図表のとおりである。

## 図表6－4　実施要領の主要項目

| | |
|---|---|
| 1 | 委員会の設置目的 |
| 2 | 委員会の業務（残業削減の方策と目標の検討、検討結果の社長への具申等） |
| 3 | 提言の期限（おおむね3～6か月程度） |
| 4 | 提言の取り扱い（提言を尊重し、実行に移す） |
| 5 | 委員の選任基準 |
| 6 | 委員の人員 |
| 7 | 委員の任命 |
| 8 | 委員の任期 |
| 9 | 委員会の役員（委員長、副委員長、幹事、幹事補佐） |
| 10 | 委員会の開催（委員長が招集することにより開催する） |
| 11 | 議事録の作成 |
| 12 | 委員の処遇 |
| 13 | 事務局 |

〈残業削減委員会の設置・運営要領例〉

### 残業削減委員会の設置・運営要領

1　設置目的

　残業（時間外労働）の削減について、効果的・現実的で、かつ具体的な方策と目標値を検討し、社長に提言すること。

2　委員会の業務

（1）　残業の現状分析

（2）　残業削減の方策の検討

（3）　残業削減目標の検討

（4）　残業削減の方策と目標値について、社長への提言書の取りまとめ

(5) 残業削減についての、社員への啓発活動

(6) 残業削減のフォローアップ

(7) その他残業削減に関すること

3　提言の期限

　委員会は、発足後おおむね6か月後を目途に、社長に提言書を提出する。

4　実施命令

　社長は、委員会から提言書を受け取ったときは、人事部長その他の役職者に対して、提言内容の実施を命令する。

5　委員の選出基準

(1)　委員は、各部門から選出する。

(2)　人事部長は、各部門の長に委員候補者の推薦を依頼する。部門の長は、部門の業務に精通し、かつ、勤務態度の良好な中堅社員（課長以上の役職者を除く）を委員として推薦する。

6　委員の人員

　委員は、15名以内とする。

7　委員の任命

　委員は、各部門の長から推薦のあった者を社長が任命する。

8　委員の任期

　委員の任期は、1年とする。ただし、再任を妨げないものとする。

9　委員会の役員

(1)　委員会に、委員長、副委員長、幹事および幹事補佐を置く。

(2)　委員長は、委員会を統括し、副委員長は、委員長を補佐する。幹事は、委員会の活動の責任者となり、幹事補佐は、幹事を補佐する。

(3)　役員の選任は、委員の互選による。

10　委員会の開催

(1)　委員会は、委員長が招集することにより開催する。

⑵　委員長は、おおむね1、2週に1回程度、委員会を招集する。

⑶　委員は、委員会に出席する義務を負う。

11　議事録の作成

⑴　委員会を開催したときは、議事録を作成し、議題および議事の内容等を記録する

⑵　議事録の作成者は、委員長が指名する。

12　委員の活動に要した時間の取り扱い

⑴　委員の活動に要した時間は勤務時間として取り扱う。

⑵　委員としての活動が時間外に行われたときは、その時間に対して時間外勤務手当を支払う。

13　事務局

委員会の事務は、人事部において執り行う。


### ⑸　残業削減委員会設置の社員への通知

残業は、繰り返し述べているように、日常の業務と密接に結びついている。業務の内容を問わず、部門が業務目標を達成できるのも、社員が、上司から命令された時間残業をするからである。受注した製品を所定の納期までに納入することができるのも、生産部門の社員が一定の時間残業をするからである。

残業の削減については、社員の理解と協力が必要不可欠である。このため、会社として残業削減委員会の設置を決めたときは、速やかに、その目的や委員の構成などを社員に公表するのがよい。

## 様式例6－5　残業削減委員会設置についての発表文

　　　　　　　　　　　　　　　　　　　　○○年○○月○○日

社員の皆さんへ

　　　　　　　　　　　　　　　　　　　　　　取締役社長

　　　　　残業削減委員会の設置について（お知らせ）

　社員の健康を確保することは、会社の重要な責任の１つです。この目的を達成するため、会社は、「残業削減委員会」を設置しましたので、お知らせします。委員会の委員構成および任務等は、次のとおりです。委員会の設置について、皆さんのご理解とご協力を求めます。

　　　　　　　　　　　　　　　記

1　委員会の名称
　残業削減委員会

2　設置日
　○○年○○月○○日

3　委員会の任務
　残業の削減方法と目標について検討し、社長に提言すること

4　委員の所属・氏名

| 所属 | 氏名 |
|---|---|
|  |  |
|  |  |
|  |  |
|  |  |
|  |  |

5　提言の時期
　委員会は、おおむね6か月後を目途に、残業の削減方法とその目標について、提言を取りまとめ、社長に提出するものとする。

　　　　　　　　　　　　　　　　　　　　　　　　　以上

## 3　社員の意識啓発

### ⑴　意識啓発の必要性

　残業が日常的に行われ、かつ、その時間数が比較的多い会社の場合は、その削減が重要な経営課題である。

　残業の削減には社員の理解と協力が必要であるが、社員の中には、残業削減の必要性をあまり認識していない者が多い。このような状況では、社内に「全員で残業削減に取り組もう」「残業を減らして、明るく活力のある職場を作ろう」という空気は醸成されない。「笛吹けど踊らず」という格言があるが、まさにそのような事態になる。

　残業についての社員の意識と関心が低い状態では、委員会がいくら知恵を絞って残業削減の方策を考えても、社員は動き出さない。

### ⑵　意識啓発の方法

　委員会の業務には、社員への意識啓発も含まれる。社員に対して「残業を削減することが会社と社員にとっていかに大切なことであるか」を計画的・継続的にPRすることは、委員会の重要な役割であり、使命である。

　社員の意識啓発の必要性は、いくら強調しても強調しすぎることはないであろう。

　意識啓発の方法としては、一般に、図表に示すようなものがある。

### 図表6－5　残業削減の意識啓発の方法

```
・残業削減を呼びかけるポスターの掲出
・職場ごとの懇談会の開催
・残業削減の研修会の開催
・残業の実態を示すデータの公表
・残業についての社員アンケートの実施
・その他
```

## (3) 残業情報の提供

　一般に、社員の多くは、残業削減について、関心が低いといわれる。これは、残業の実態についての情報が与えられていないことによるものであろう。社内で残業がどれくらい行われているかについての情報がほとんど与えられていないのである。このような状況では、残業の削減に対する関心が高まらないのも当然といえよう。

　委員会は、社員に対して残業の実態を示す情報を積極的に提供し、残業への関心を少しでも高めるように努めることが望ましい。

## 様式例6－6　社員への残業情報の提供

○その1（全社の状況・月別の実績）

○○年○○月○○日

社員の皆さんへ

残業削減委員会

残業の状況について（お知らせ）

　残業削減委員会では、現在、残業削減の方策を議論していますが、当社における残業の状況は次のとおりです。参考までにお知らせします。


1　会社全体

|  | 残業時間数 | 1人・1か月平均の残業時間数 | 最高の人の残業時間数（1か月） |
|---|---|---|---|
| ○○年度 |  |  |  |
| ○○年度 |  |  |  |
| ○○年度 |  |  |  |


2　月別（○○年度）

|  | 残業時間数 | 1人・1か月平均の残業時間数 | 最高の人の残業時間数（1か月） |
|---|---|---|---|
| 4 |  |  |  |
| 5 |  |  |  |
| 6 |  |  |  |
| 7 |  |  |  |
| 8 |  |  |  |
| 9 |  |  |  |
| 10 |  |  |  |
| 11 |  |  |  |
| 12 |  |  |  |
| 1 |  |  |  |
| 2 |  |  |  |
| 3 |  |  |  |

○その2　（部門別の残業時間）

| 部門別の残業時間（○○年度） | | | |
|---|---|---|---|
| | 総残業時間数 | 1人・1か月平均残業時間数 | 最高の人の残業時間数（1か月） |
| ○○部 | | | |
| ○○部 | | | |
| ○○部 | | | |
| ○○部 | | | |
| ○○部 | | | |

## ⑷　残業アンケートの実施・分析

### ①　アンケートの効果

社員を対象として、残業をテーマとするアンケートを実施する。

アンケートの実施には、質問項目の決定➡調査表の設計・作成➡調査表の印刷➡社員への調査表の配布➡社員からの調査表の回収➡調査結果の集計、という具合に一連の作業があり、相当の手間を必要とする。

しかし、

・残業についての社員の意識を把握できる

・残業問題に対する関心を高められる

などの効果が期待できる。

### ②　質問項目

質問項目は、図表に示すようなものとするのが現実的であろう。

**図表6-6　アンケート調査の質問項目**

・通常の1か月の残業時間
・残業についての感想（多いか、少ないか）
・深夜に及ぶ残業の有無
・健康不安を感じることの有無
・残業で困ること
・残業削減の希望の有無とその理由
・会社として残業を削減することの必要性の考え
・会社としての残業削減の方法
・その他

### ③　アンケート調査表の例

　当然のことではあるが、アンケートは「答えやすいもの」「負担を感じないもの」でなければならない。

　また、残業についての「本音」を引き出すため、アンケートは無記名方式で実施する。

　アンケート調査表の例を示すと、次のとおりである。

〈**残業についてのアンケート調査例**〉

　　　　　　　　残業についてのアンケート調査
○該当するものの番号に○印を付けてください。

Q1　あなたは、年間を通して1か月どれくらい残業（休日出勤を含む）をしていますか。

　1　10時間以下
　2　11～20時間程度
　3　21～30時間程度
　4　31～40時間程度
　5　41～50時間程度

6　51〜60時間程度

　　7　61時間以上


Q2　残業が深夜（午後10時以降）に及ぶことがありますか。

　　1　よくある

　　2　ときどきある

　　3　あまりない

　　4　まったくない


Q3　1か月平均の残業について、どのように考えていますか。

　　1　とても多い

　　2　多い

　　3　普通

　　4　少ない


Q4　残業について、健康不安を感じることがありますか。

　　1　よく感じる

　　2　ときどき感じる

　　3　あまり感じない

　　4　まったく感じない


Q5　残業について、何か困ることはありますか。

　　1　ある

　　2　ない


Q5-2　（前問で「ある」と答えた方に）それは、どういうことで
　　　すか。（回答は、いくつでも）

　　1　当日に残業を命令されること

2　残業時間が予定よりも長くなることがあること

　3　帰りが遅くなること

　4　家事の時間が少なくなること

　5　育児に支障が出ること

　6　自分の自由な時間が少なくなること

　7　家族との交流の時間が少なくなること

　8　その他（　　　　　　　　）


Q6　自分の残業を減らして欲しいと思いますか。

　1　減らして欲しい

　2　減らして欲しいとは思わない


Q6-2　（前問で「減らして欲しいとは思わない」と回答された方
　　　　に）それは、どうしてですか。

　1　残業収入が少なくなるから

　2　残業は社員としての義務であるから

　3　その他（　　　　　　　　　　）


Q7　会社として残業を削減する必要があると思いますか。

　1　ある

　2　あまりない

　3　まったくない

　4　どちらともいえない


Q8　会社として残業を削減するためには、どのような方法が効果的
　　　だと思いますか。（回答は、いくつでも）。

　1　フレックスタイム制など、柔軟な勤務制度の導入

　2　在宅勤務など、新しい働き方の導入

3　業務の内容や遂行方法の見直し、改善

4　会議、打ち合わせ、ミーティングなどの制限

5　人員（正社員）の増加

6　パートタイマー・派遣社員の活用

7　業者への業務委託の増加

8　組織編制・職制の変更

9　社員の意識の変革

10　その他（　　　　　　　　　　）

〈最後に、あなたの性・年代について〉

　(1)　性別

1　男　　2　女

　(2)　年代

1　20〜29歳

2　30〜39歳

3　40〜49歳

4　50歳以上

〜ご協力ありがとうございました〜


④　結果の分析

　委員会は、社員から調査表を回収し、集計する。そのうえで、

　・社員が残業についてどのように考えているか

　・残業削減の必要性をどの程度感じているか

　・残業の削減についてどういう意見を持っているか

などを分析する。

　分析の結果を、提言に活用する。

⑤ 社員への結果の発表

　アンケートの結果は、社員に公開するのがよい。公開することにより、残業削減への関心をそれまで以上に高めることが期待できる。

**様式例6－7　アンケート結果の公表**

---

　　　　　　　　　　　　　　　　　　　　　　　　　　　　○○年○○月○○日
社員の皆さんへ

　　　　　　　　　　　　　　　　　　　　　　　　　残業削減委員会
　　　　　　　アンケート調査の結果について（お知らせ）
　過日実施した「残業についてのアンケート調査」では、ご協力いただき誠にありがとうございます。このほど結果がまとまりましたので、ここにお知らせします。

Q1　1か月平均の残業時間（休日出勤を含む）
　1　10時間以下➡○％
　2　11〜20時間程度➡○％
　3　21〜30時間程度➡○％
　4　31〜40時間程度➡○％
　5　41〜50時間程度➡○％
　6　51〜60時間程度➡○％
　7　61時間以上➡○％

Q2　残業が深夜（午後10時以降）に及ぶことの有無
　1　よくある➡○％
　2　ときどきある➡○％
　3　あまりない➡○％
　4　まったくない➡○％

Q3　1か月平均の残業についての考え
　1　とても多い➡○％
　2　多い➡○％
　3　普通➡○％
　4　少ない➡○％
（以下、省略）

---

## 4　残業削減策の取りまとめ

### (1)　残業削減のための方策

#### ①　制度的対応と非制度的対応

　残業削減のための方策の取りまとめは、委員会の最大の業務である。残業を削減するために会社が講ずるべき方策を、具体的に取りまとめる。

　一般に、残業を減らすためには変形労働時間制やフレックスタイム制などの柔軟な勤務形態の導入が効果的であるといわれる。たしかに、忙しい時期や時間帯が業務の内容によって異なることを考えると、勤務時間帯を「午前9〜午後6時」というように年間を通して固定するよりも、柔軟に取り扱うほうが残業の削減に有効であろう。しかし、勤務時間の形態を変更すれば、必ず残業が減少するというものではない。

　残業は、業務の内容と密接に結びついている。したがって、業務の内容や遂行手順の見直しなどの、非制度面の対応も必要である。

　さらに、最近は、情報機器・通信機器を活用して、会社以外の場所（自宅、ワークステーションその他）で業務を遂行することを容認するという新しい働き方（テレワーク）を導入し、残業の削減を図っている会社も増加している。

#### ②　制度面の方策と非制度面の方策

　このように考えると、残業削減のための方策は、

　・制度面の対応

　・非制度面の対応

に区分して、議論・検討し、取りまとめるのが現実的であろう。

　当然のことながら、制度面の方策も非制度面の方策も、会社の業種、業務内容、規模（社員数）などを十分に踏まえて選択すべきである。

**図表6-7　残業削減の方策**

| 制度面の方策 | 制度面以外の方策 |
|---|---|
| ①　1か月変形労働時間制の導入<br>②　1年変形労働時間制の導入<br>③　フレックスタイム制の実施<br>④　セレクティブタイム制の実施<br>⑤　ノー残業デーの実施<br>⑥　時差勤務制の導入<br>⑦　深夜残業の抑制（回数制限、禁止）<br>⑧　休日勤務の抑制（回数制限、禁止<br>⑨　代休制の実施<br>⑩　年休の計画的付与制の実施<br>⑪　年休の時季指定付与制の実施<br>⑫　職場ごとに「定時退社週間」を実施<br>⑬　みなし労働時間制の適用（専門職、企画職）<br>その他 | ①　テレワークの導入<br>②　取引先への直行・直帰<br>③　応援派遣体制の整備<br>④　パートタイマーの活用<br>⑤　一般職の活用<br>⑥　業務の計画化<br>⑦　業務内容の見直し<br>⑧　会議の制限・点検<br>⑨　報告書・届出書等の簡素化<br>⑩　残業削減協力金の支給<br>その他 |

### ③　制度面の検討の視点

　削減のための方策には、実務的に、変形労働時間制、フレックスタイム制、ノー残業デー制などがある。

　これらの制度の一つひとつについて、

・実施上の効果はどうか（残業の削減が期待できるか）
・実施上の問題点は何か（生産性への影響、取引先・消費者等への影響等）

という観点から検討する。そのうえで、提言項目とするかどうかを総合判定する。

**様式例6－8　制度面の方策の評価シート**

|  | 実施の効果 | 問題点 | 総合判定 |
|---|---|---|---|
| ①1か月変形労働時間制 |  |  |  |
| ②1年変労働時間制 |  |  |  |
| ③フレックスタイム制 |  |  |  |
| ④セレクティブタイム制 |  |  |  |
| ⑤時差勤務制 |  |  |  |
| ⑥ノー残業デー制 |  |  |  |
| ⑦深夜残業制限制 |  |  |  |

（以下、省略）

### ④　非制度面の検討の視点

　非制度面については、テレワークの導入、取引先への直行・直帰、応援派遣体制の整備、パートタイマーの活用、多能工化の推進、情報共有化の整備（データベースの整備）その他の方策の一つひとつについて、

　　・実施に相当のコストを要するか
　　・実施に相当の期間を要するか
　　・社員、役職者の理解を得られるか

という観点から評価する。そのうえで、提言項目とするかどうかを総合的に判定する。

**様式例6－9　非制度面の方策の評価シート**

|  | コスト | 実施期間 | 社内理解 | 総合判定 |
|---|---|---|---|---|
| ①テレワーク |  |  |  |  |
| ②直行・直帰 |  |  |  |  |
| ③応援派遣体制 |  |  |  |  |
| ④パート活用 |  |  |  |  |
| ⑤一般職の活用 |  |  |  |  |
| ⑥業務の計画化 |  |  |  |  |
| ⑦業務の見直し |  |  |  |  |

（以下、省略）

## (2)　残業削減の目標

　削減の目標は、「いつまでに残業を○○時間とする」というように、数値で具体的に示すことが必要である。数値を示さずに、「少しでも多く削減する」「可能な限り減らす」のようなものは、目標とは言えない。

**図表6－8　削減目標の設定例**

| |
|---|
| ・3年以内に、1人1か月平均の残業を30時間とする |
| ・2年以内に、1人1か月平均の残業を通常月30時間、繁忙月40時間とする |
| ・2年以内に、1か月の残業80時間超の者をゼロとする |
| ・2年以内に、全員の1か月の残業を60時間以下とする |
| ・2年後までに、1か月の残業45時間超の社員をなくす |
| ・○○年度末までに、全社員の年間の残業を600時間以下とする |
| ・○○年度までに、深夜残業社員をゼロとする |

　（注）残業＝時間外勤務時間＋休日勤務時間

## (3) 提言書の提出

委員会は、

・残業削減の目標値

・残業削減のために講ずるべき方策

を決定したときは、社長に提言書を提出する。

## 様式例6－10　社長への提言書

○○年○○月○○日

取締役社長○○○○殿

残業削減委員会
委員長○○○○

残業削減の提言

1　残業削減の目標

○○年度末までに、次の目標を達成する。
① 
② 
③ 

2　目標達成のために講ずるべき方策

（1）　制度面の方策

| 項目 | 説明 |
|---|---|
| ① | |
| ② | |
| ③ | |

（2）　非制度面の方策

| 項目 | 説明 |
|---|---|
| ① | |
| ② | |
| ③ | |
| ④ | |
| ⑤ | |

以上

⑷　**残業実績のフォローアップ**

　委員会にとって重要なことは、

　・提言内容が実施されること

　・提言した方策が実施され、残業が削減されること

である。

　提言書を社長に提出した後も定期的に委員会を開催し、人事部から、

　・残業削減のための方策（制度面、非制度面）の実施状況

　・残業時間の実績（目標の達成度）

について、報告を受ける。

# 第7章

# 営業職の労働時間管理

## 1　営業業務とみなし労働労時間制

### (1)　営業職の労働

　会社は、一言でいえば、「商品を販売して利益を得ること」を目的とする組織である。いくら独創的な商品を開発しても、あるいは「消費者の生活に役立ち、生活を向上させる商品を生産している」と自負しても、商品が売れなければ会社は存続していくことができない。その商品の販売を担当するのが営業社員である。経営において、営業社員が果たす役割はきわめて大きい。

　一般に営業社員は、会社の外に出かけて行って、取引先や消費者に、商品の機能や性格、便利性や品質の良さなどを説明し、商品を販売する。一日中会社の中にいたのでは、営業成績を上げることはできない。

　社外において業務に従事することを「事業場外労働」という。

　事業場外労働は、業務が社外で行われるため、会社の方で管理することができない。実際に何時間労働したかをカウントすることができない。

　例えば、朝9時に営業所を出た営業社員が夜8時に戻ってきた場合、実際に何時間営業活動をしたかを会社として正確に把握し難い。9時間程度営業活動をしたかもしれないし、3、4時間程度であった

かもわからない。

## (2) 労働基準法の規定

　労働基準法は、事業場外労働について、「労働者が労働時間の全部又は一部について事業場外で業務に従事した場合において、労働時間を算定することが困難であるときは、原則として、所定労働時間労働したものとみなす」と定めている（第38条の２第１項）。

　なお、社外で業務を行う社員に対して、社内にいる役職者が、携帯電話やスマートフォンで業務の内容や行動を具体的かつ細かく指示したり、あるいは労働時間管理ができる役職者が同行しているなどの場合には、みなし労働時間制を適用することは認められていない。

**図表７－１　みなし労働時間制が適用されない場合**

| |
|---|
| ① 　何人かのグループで事業場外で業務に従事する場合で、その中に、労働時間を管理する者がいる場合 |
| ② 　無線やポケットベル等によって随時会社の指示を受けて業務を行う場合 |
| ③ 　事業場において、あらかじめ訪問先、帰社時刻など当日の業務について具体的な指示を受けた後、事業場外で指示どおり業務に従事し、その後事業場に戻る場合 |

　（注）昭和63・1・1　基発１号

## (3) みなし労働時間の種類

　みなし労働時間には、

　　・所定内みなし

　　・所定外みなし

の２種類がある。

　営業社員に対して「所定内みなし」と「所定外みなし」のいずれを採用するかは各社の自由であるが、所定内みなしを適用している会社が多い。すなわち、所定労働時間（就業規則において定めている労働

時間）が8時間の会社は、営業社員が労働時間の全部または一部を社外で過ごした場合「1日8時間労働した」とみなしている。

　営業社員に対するみなし労働時間制の適用は、
・営業社員の労働時間管理を統一的、効率的に行える
・営業社員の労働時間が長くなることに対して、一定の歯止めを掛けることができる
などの効果がある。

**図表7－2　みなし労働時間の種類**

| 所定内みなし | 所定外みなし |
|---|---|
| 所定労働時間労働したものとみなす（所定労働時間が8時間の場合➡社外で労働したときは、8時間労働したものとカウントする） | 所定労働時間を超える一定時間、労働したものとみなす（所定労働時間が8時間の場合➡社外で労働したときは、9時間労働したとカウントする） |

### (4)　所定外みなしの決め方

　営業社員に対して「所定外みなし労働時間制」を適用する場合、その決め方には、
・全員一律に決める
・繁忙期、通常期に区分して決める
・担当地域別に決める
・法人営業と個人営業の別に決める
などがある。

**図表７－３　所定外みなし労働時間の決め方**

| 決め方 | 例 |
|---|---|
| 全員一律方式 | 一律９時間 |
| 繁忙期・通常期の区分方式 | ３月、12月＝10時間<br>それ以外の月＝９時間 |
| 担当地域別方式 | 都心担当＝８時間30分<br>郊外担当＝９時間 |
| 法人・個人別方式 | 法人担当＝９時間<br>個人担当＝９時間30分 |

### (5) 就業規則への記載

　労働時間の算定に関して、社員との間でトラブルが生じるのは好ましいことではない。

　営業社員に対して「みなし労働時間制」を適用するときは、その旨を就業規則に記載しておくことが望ましい。

〈就業規則への記載例〉

| 記載例１ | 第○条（事業場外労働）　社員が労働時間の全部または一部を営業、出張、研修その他社外で業務に従事し、労働時間を算定し難いときは、所定労働時間労働したものとみなす。 |
|---|---|
| 記載例２ | 第○条（営業職の労働時間）　営業職が労働時間の全部または一部を社外において営業業務に従事し労働時間を算定し難いときは、所定労働時間労働したものとみなす。 |
| 記載例３ | 第○条（社外勤務の取り扱い）　社員が勤務時間の全部または一部を社外における業務に従事し、勤務時間を算定し難いときは、所定勤務時間勤務したものとみなす。<br>２　社外で業務に従事した者が会社に戻り、終業時刻以降、報告書の作成その他の業務を行ったときは、その時間を時間外勤務として取り扱う。 |
| 記載例４ | 第○条（営業社員の勤務時間の取り扱い）　営業社員が勤務時間の全部を社外で営業活動を行い、勤務時間を算定し難いときは、９時間勤務したものとみなす。 |

## 2　みなし労働時間制と営業手当

### (1)　営業手当の金額は適正か

#### ①　営業手当の趣旨

　営業社員は、会社や個人を相手として商品の特性・機能などを説明して商品を販売するので、内勤の業務に比較して精神的な緊張を伴う。

　営業社員に対しては、「所定労働時間労働したものとみなす」という所定内みなし労働時間制を適用し、かつ、

- ・営業活動は、取引先や消費者を相手とするので、精神的な負担が大きい
- ・社外で業務に従事するので、被服代や靴代がかかる
- ・残業代が支払われない

などの事情に配慮して、一定の営業手当（外勤手当）を支給している会社が多い。

　営業社員が毎日、ほぼ定時に出社し、定時に退社しているような場合には、「所定内みなし」で特に問題はない。

#### ②　勤務時間が長い場合

　しかし、実態として、ほぼすべての営業社員が毎日１、２時間程度、１か月20、30時間程度、残業し、かつ、その程度の時間残業をしなければ営業目標を達成することができないような場合には、問題である。この場合、もしも営業手当の金額が10時間程度の残業代であると、結果的に10、20時間程度の残業代が支払われていないので、労働基準法違反となる。

　営業社員について、

- ・日常的に一定時間残業をしている（退社時刻が定時を過ぎるのが一般的である）
- ・毎日一定時間残業をしなければ営業目標を達成することがきわめて難しい

という2つの条件を満たす場合には、一定時間の残業代をカバーする形で営業手当の金額を決めることが必要である。

　例えば、

　　・営業社員によって多少の長短はあるものの平均的に1か月当たり
　　　30時間程度残業をしている
　　・1か月30時間程度残業をしなければ、営業目標を達成することが
　　　困難である
場合には、30時間分の残業代を含んだ金額で営業手当を決める。


## (2)　給与規程への記載

　会社と営業社員との間において、給与をめぐってトラブルが生じるのは望ましくないことである。また、営業社員から「われわれは、残業までして会社のために頑張っているのに会社は残業代を支払ってくれない」という不信感を持たれるのも好ましくない。

　給与管理の適正化という観点からすると、一定の残業代を含んだ形で営業手当の金額を決めたときはその旨を給与規程に明記しておくのがよい。

　また、日ごろから営業社員に対して「営業手当の中には一定額の残業代が含まれている」旨を説明する。

### 〈営業手当の給与規程への記載例〉

| 記載例1 | 第○条（営業手当）　営業業務に携わる者に対して営業手当を支給する。<br>（営業手当）本人の時間外勤務手当30時間分に相当する額 |
|---|---|
| 記載例2 | 第○条（営業手当）　営業職に対して、次の区分により手当を支給する。（いずれも25時間相当の時間外労働手当を含む）。<br>　　　研修社員　　　○万円<br>　　　社員　　　　　○万円<br>　　　主任　　　　　○万円 |

## 3 労働時間の把握と記録の保存

　会社は、営業社員に対してみなし労働時間制を適用しない場合はもちろんのこと、みなし労働時間制を適用する場合においても、営業社員一人ひとりについて日々の労働時間（始業時刻、終業時刻）を把握・記録し、その記録を一定期間保存しておくことが求められている。

　労働時間の把握には、

　・タイムカード、ICカードによる把握

　・自己申告による把握（業務報告書への始業・終業時刻の記載）

　・出勤簿への記載

などがある。

　一般に、営業社員の成績管理（売上、契約件数、受注額、代金回収額等の管理）には積極的であるが、労働時間管理には消極的な会社が多いといわれる。そのようなことは望ましくない。営業社員の労働時間の把握と記録、記録の保存にも積極的に取り組まなければならない。

**様式例7－1　営業報告**

○その1（営業日報）

所属長殿

　　　　　　　　　　　　　　　　　　　　　　　　（氏名）○○○○

　　　　　　　　　　　　営業日報（○○月○○日）

| 始業・終業時刻 | 午前○時分○～午後○時○分 |
|---|---|
| 業務内容（訪問先、営業内容、事務内容、その他） | 1<br>2<br>2<br>4<br>5 |

　　　　　　　　　　　　　　　　　　　　　　　　　　　　　以上

（注）1　業務内容は、具体的に記載すること。

　　　2　翌日の午前中までに提出すること。

○その2（週報）

所属長殿

　　　　　　　　　　　　　　　　　　　　　　　　（氏名）○○○○

　　　　　　　　　　業務報告（○月○日～○月○日）

| 日 | 曜日 | 始業・終業時刻 | 業務内容 | 備考 |
|---|---|---|---|---|
|  | 月 |  |  |  |
|  | 火 |  |  |  |
|  | 水 |  |  |  |
|  | 木 |  |  |  |
|  | 金 |  |  |  |
|  | 土 |  |  |  |
|  | 日 |  |  |  |

　　　　　　　　　　　　　　　　　　　　　　　　　　　　　以上

（注）①　業務内容は、具体的に記載すること。

　　　②　翌週月曜日の午前中までに提出すること。

188

## 4　労働時間の短縮策

### (1)　営業職の労働時間

　営業社員の仕事の大きな特徴は、「労働の成果が数字となって現れる」ことである。すなわち、1日、1週、1か月、あるいは1年の労働の成果が売上、契約件数、受注額などの数値で個人別に明らかになる。

　会社は、一定の業績を上げなければ、存続していけない。売上が良くなくては、市場から撤退せざるを得ない。このため、営業成績に応じて営業社員を処遇する。売上や受注の面で好成績を達成した社員を給与や賞与の面で、そうでない者よりも厚遇する。

　営業成績はいっさい評価することなく、すべての営業職に同額の給与を支払い、同額の賞与を支給するという会社はきわめて稀であろう。

　営業以外の職種においても、個人の業務成績は処遇に反映される。しかし、その程度は営業職に比較すると、少ないといえる。

　このように個人の営業成績が処遇に反映されるため、営業に携わる者は、「少しでも営業成績を上げて高い報酬を得よう」「成果を伸ばして、会社の評価を高めたい」と考える。その結果、営業社員の労働時間は、とかく長くなりがちである。

### (2)　労働時間短縮への努力

　営業社員の労働時間が他の職種に比較して長くなるのは、ある程度やむを得ないかもしれない。しかし、深夜に及ぶ労働が何日も連続したり、あるいは休日も満足に休めないという状況が恒常化するのは問題である。

　長時間労働が日常化・慢性化すると、社員の心身の健康に望ましくない影響を与える。「個人の生活を楽しめない」「家族との団欒ができない」「体がついていけない」といって退職する者が相次ぎ、社員の

定着が悪くなる。

「労働時間が長い会社」「社員の健康よりも会社の業績を重視する、利益本位の会社」という評判が流れると、募集・採用活動に著しい支障が生じる。

営業は、取引先や消費者を対象として、社外において行われる業務である。また、会社間の営業競争が激しいという事情もある。さらに、取引先や消費者の購買態度が厳しいという状況も考えなければならない。したがって、内勤業務や生産業務などと異なり、労働時間の短縮は容易ではないが、労働時間短縮策として、図表に示すようなものが考えられる。

**図表7－4　営業部門の労働時間短縮策**

| |
|---|
| 1　年次有給休暇（年休）の取得奨励<br>2　年休の取得目標日数の設定<br>3　年休の時季指定による付与<br>4　半日年休制度の実施<br>5　夏季連続休暇の実施、休暇日数の拡大 |
| 6　深夜残業の回数の制限、または原則禁止<br>7　休日出勤の日数制限、または原則禁止<br>8　直行直帰の容認<br>9　事務（契約書作成、請求書作成その他）の機械化、合理化<br>10　営業報告書（営業日報、営業週報その他）の様式の簡素化 |
| 11　営業情報のデータベース化<br>12　営業会議の開催頻度の縮小<br>13　給与体系の見直し（固定給の拡大、営業褒賞金の縮小、その他）<br>14　ゴールデンウィーク、夏季、年末年始における休業の設定、または休業日数の拡大<br>15　その他 |

### (3)　個別の労働時間短縮策

#### ①　年休の取得率の改善

年休は、労働に伴う疲労の回復、個人生活の充実などに充当するた

めの休暇である。社員は、年休を積極的・計画的に取得し、日ごろの疲労の回復、趣味・スポーツ・旅行、あるいは家族との触れ合いなどに充てることが望ましい。しかし、営業社員の場合には、「仕事が忙しい」「休むと営業成績が落ちる」などの理由から、年休をあまり取得しない者が多いといわれる。

　会社は、営業社員の年休取得率を高める目的で、

・計画的な取得を呼びかける

・取得日数の目標を定める

・取得月間（例えば、２月、８月）を設けて、交代で取得させる

・半休制度を設ける

などの措置を講じることが望ましい。

　なお、労働基準法は、「使用者は、年次有給休暇を10日以上有する者に対しては、そのうちの５日については、時季を指定して与えなければならない」（第39条第７・８項）と規定している。

　このため、年休の取得日数が少ない者に対しては、業務の量が比較的少ない期間を選んで、あらかじめ時季を指定して年休を与える。

## 様式例7－2　年休の時季指定による付与通知

○その1（個人別通知）

| | ○○年○○月○○日 |
|---|---|

○○○○殿

営業所長○○○○

年休の時季指定について（お知らせ）

　次のとおり、年休の取得日を指定します。この日に必ず年休を取得してください。

| 1日目 | ○○月○○日　（　） |
|---|---|
| 2日目 | ○○月○○日　（　） |
| 3日目 | ○○月○○日　（　） |
| 4日目 | ○○月○○日　（　） |
| 5日目 | ○○月○○日　（　） |

以上

○その2（全員に通知する場合）

○○年○○月○○日

社員各位

営業所長○○○○

年休の時季指定について（お知らせ）

　次のとおり、年休の取得日を指定します。この日に必ず年休を取得してください。

| 氏名 | 指定日 | 備考 |
|---|---|---|
| | ○○月○○日（　）、○○月○○日（　）、○○月○○日（　）、○○月○○日（　）、○○月○○日（　） | |
| | ○○月○○日（　）、○○月○○日（　）、○○月○○日（　）、○○月○○日（　）、○○月○○日（　） | |
| | ○○月○○日（　）、○○月○○日（　）、○○月○○日（　）、○○月○○日（　）、○○月○○日（　） | |
| | ○○月○○日（　）、○○月○○日（　）、○○月○○日（　）、○○月○○日（　）、○○月○○日（　） | |
| | ○○月○○日（　）、○○月○○日（　）、○○月○○日（　）、○○月○○日（　）、○○月○○日（　） | |

以上

## ②　深夜勤務の抑制

　残業の中でも、営業社員にとって心身の負担が重いのは深夜勤務（午後10時以降の勤務）である。

　深夜勤務は、１日の労働時間が長時間に及んだうえに、深夜に帰宅し、翌日も通常通り出勤しなければならないので、家で休息できる時間がそれだけ短くなり、疲労が蓄積する。深夜勤務が連続するほど、健康に悪い影響を与える。

　労働時間の短縮、健康の維持という観点からすると、深夜勤務について、

　　・１か月に深夜勤務ができる回数を制限する（例えば、３回以下とする）

　　・深夜勤務が連続するのを禁止する

　　・深夜勤務を原則として禁止する。やむを得ず深夜勤務をするときは、事前に届け出る

などの抑制措置を講ずることが望ましい。

## 様式例７−３　深夜業禁止の通知

```
                                             ○○年○○月○○日
　営業職各位
                                             人事部長○○○○
                    深夜業の禁止について（お知らせ）
　　会社は、営業職の労働時間の短縮と健康の維持を図るため、深夜業に
　ついて、次の措置を講ずることとしました。このことについて、ご理解
　とご協力をお願いします。
                            記
　1　深夜勤務（午後10時以降の勤務）を原則として禁止する。
　2　やむを得ない事情により深夜勤務をするときは、あらかじめ所属長
　　に届け出て、その許可を得ること。
　3　この措置は、○○月○○日から施行する。
                                                     以上
```

### ③　休日勤務の抑制

　休日は、労働に伴う疲労の回復と個人生活の充実を図るためのものである。したがって、休日を休み、疲労の回復と生活の充実を図ることが望ましい。

　ところが、営業職の場合は、他の職種に比較して休日出勤が多い。取引先や個人客の都合で出勤することもあれば、「売上目標を達成したい」「営業成績を上げたい」という個人的な理由で出勤することもある。

　誰もが「休日は家でのんびりしたい」「土日は、趣味やスポーツを楽しみたい」「土日は、家族と過ごしたい」と考えている。休日勤務は、疲労の蓄積を加速する。休日勤務が連続すると、健康に悪い影響を与える。

　労働時間の短縮、健康の維持という観点からすると、

- ・１か月に休日勤務ができる回数を制限する（例えば、３回以下とする）
- ・休日勤務が連続するのを禁止する
- ・休日勤務を原則として禁止する。やむを得ず休日勤務をするときは事前に届け出る

などの抑制措置を講ずることが望ましい。

## 様式例７－４　休日勤務禁止の通知

```
                                    ○○年○○月○○日
営業職各位
                                    人事部長○○○○
            休日勤務の禁止について（お知らせ）
    会社は、営業職の労働時間の短縮と健康の維持を図るため、休日勤務
について、次の措置を講ずることとしました。このことについて、ご理
解とご協力をお願いします。
                      記
1   休日勤務を原則として禁止する。
2   やむを得ない事情により休日勤務をするときは、あらかじめ所属長
    に届け出て、その許可を得ること。
3   この措置は、○○月○○日から施行する。
                                              以上
```

### ④　夏季休暇の実施・充実

　夏の暑い日に社外を飛び回り、営業活動をするのは大変な重労働である。このため、最近は夏季に連続休暇を実施する会社が増えている。

　労働時間の短縮と営業職の健康の維持という観点からすると、夏季に連続休暇を実施することが望ましい。すでに夏季休暇を実施している会社は、その日数の増加を図る。

　休暇の決め方には、

　・営業所を休業とし、全員一斉に休む

　・一定期間（例えば、7、8月）に、交代で休む

の２つがある。営業の実態、同業他社の実施状況を勘案して決めるべきである。

**様式例7−5　夏季休暇の通知（一斉方式の場合）**

　　　　　　　　　　　　　　　　　　　　　　　　○○月○○日

社員各位

　　　　　　　　　　　　　　　　　　　　営業所長○○○○

　　　　　本年度の夏季休暇について（お知らせ）

　本年度の夏季休暇を次のとおり実施します。なお、この期間は、営業所は休業とします。

　　　　　　　　　　　　　　　　記

（夏季休暇）○○月○○日（　）〜○○月○○日（　）

　　　　　　　　　　　　　　　　　　　　　　　　　　　以上

## 第8章

# 専門職の労働時間管理

## 1　専門職の業務の性格

### (1)　増加する専門職

　経済の高度化・ソフト化・サービス化が進んでいる。これにとも
なって、ビジネスの世界では、高度の専門知識を必要とする業務が増
加している。新商品・新技術の研究開発、情報システムの分析・設計、
衣服・広告のデザインなどは、専門知識を必要とする業務の代表例と
いえる。

　最新の知識や技術を活用して人々の生活に役立つ新商品を開発した
り、あるいは情報処理システムを活用して生産または販売の業務を合
理化・効率化したり、商品のデザインについて消費者に魅力的なもの
を考案したりすることは、会社の成長発展の重要な条件である。

　どの業界においても、会社間の競争が激しい。国内の会社同士の競
争に加えて、海外の会社との競争もある。十年一日のように同じ商品
を同じ方法で、同じ価格で提供していたのでは、激しい競争から脱落
せざるを得ない。

### (2)　専門職の業務の特性

　このような事情で専門業務に携わる者（専門職）が増加しているわ

けであるが、専門業務は、その性格上、業務遂行の方法を担当社員本人の裁量に委ねざるを得ない。

　生産業務や一般事務の場合には、会社の方で、業務遂行の手段や時間配分について、具体的な指示を出すことが可能である。しかし、専門業務に関しては、「この作業は、このような方法で行ってほしい」「この工程は、○○時間の範囲で終わらせてもらいたい」などと、指示命令することは困難である。

　例えば、通信技術の開発業務を担当するエンジニアに対して、会社の方で「この作業は、こういう手段で行うように」とか、「この仕事には○時間程度の時間を費やし、次の仕事に移るように」と指示することは、実際問題として困難である。遂行手段の選択と時間配分の決定は、通信技術の開発担当者に委ねざるを得ない。

## 2　みなし労働時間制の適用

### (1)　労働基準法の定め

　労働基準法は、このような専門業務の性格に配慮し、「みなし労働時間制」の適用を認めている（第38条の３）。

　専門業務に従事する者（専門職）に対してみなし労働時間制を適用する制度を「専門業務型裁量労働制」という。

　専門業務は、その業務の性格上、その遂行の方法を担当社員の裁量に委ねざるを得ず、遂行の手段や時間配分の決定について、会社が具体的な指示を出すことは困難である。したがって、何時間業務に従事したかを正確に算定することが難しい。会社に８時間（休憩時間を除く）在社していたとしても、実際に何時間業務を行っていたかを算定し難い。

　このように労働時間の算定が困難であるため、労働基準法は専門業務について「みなし労働時間制」の適用を認めているわけである。

　もしも専門職について各人の労働時間を個別に管理しようとする

と、相当の手間と労力が必要となる。しかし、みなし労働時間制を適用すれば、専門職の労働時間管理を統一的かつ効率的に行うことができる。

### 図表8－1　専門業務型裁量労働制のメリット

| | |
|---|---|
| ① | 専門業務に従事する者の時間管理を統一的・効率的に行える。 |
| ② | 時間外労働が長時間化するのを防げる。 |
| ③ | 仕事の成果に応じた合理的な給与管理・人事管理を行える。 |

### (2)　専門業務の範囲

　みなし労働時間制を適用できる専門業務の範囲は、厚生労働省令で決められている。主な業務は、図表に示すとおりである。

### 図表8－2　専門業務の範囲

| | |
|---|---|
| ① | 新技術・新商品の研究開発、人文科学・自然科学の研究の業務 |
| ② | 情報処理システムの分析または設計の業務 |
| ③ | 新聞・出版業における記事の取材・編集の業務、放送番組の制作のための取材・編集の業務 |
| ④ | 衣服・広告等のデザイン考案の業務 |
| ⑤ | 放送番組・映画の制作におけるプロデューサーまたはディレクターの業務 |
| ⑥ | コピーライターの業務 |
| ⑦ | システムコンサルタントの業務 |
| ⑧ | インテリアコーディネーターの業務 |
| ⑨ | ゲーム用ソフトウエアの創作の業務 |
| ⑩ | 証券アナリストの業務 |
| ⑪ | 金融商品の開発の業務 |
| ⑫ | その他 |

(3) 労使協定の締結と届出

　専門業務について「みなし労働時間制」を実施するためには、労働組合（労働組合がないときは、労働者の過半数を代表する者）との間で協定を結び、これを労働基準監督署に届け出ることが必要である。

(4) 労使協定の内容と協定例
　① 労使協定の事項

　協定の項目は、図表に示すとおりである。

**図表８－３　労使協定の項目**

| |
|---|
| ① 制度の対象となる業務 |
| ② みなし労働時間 |
| ③ 使用者は、対象業務に従事する者に対して、対象業務を遂行する手段、時間配分等について、具体的な指示をしないこと |
| ④ 対象業務に従事する者の健康と福祉を確保するための措置を使用者が講じること |
| ⑤ 対象業務に従事する者の苦情を処理するための措置を使用者が講じること |
| ⑥ 対象業務に従事する者の健康と福祉を確保するために講じた措置、および苦情を処理するために講じた措置の記録を、協定の有効期間終了後３年間保存すること |
| ⑦ 協定の有効期間 |

　② みなし労働時間の設定期間

　みなし労働時間の設定は、対象業務と並んで、協定の中で最も重要な項目である。

　みなし労働時間は、「１日○時間」という形で、１日単位で協定する。「１日○時間、１か月○○時間」というように１か月のみなし労働時間についても協定することは認められていない（昭和63・3・14、基発150号）。

なお、みなし労働時間の決め方には、

・所定労働時間労働したものとみなす「所定内みなし」

・「所定労働時間＋一定時間」労働したものとみなす「所定外みな
し」（例えば、１日９時間労働したものとみなす）

の２つがある。

### ③　健康・福祉の確保の措置

専門職の労働時間は、一般に長いといわれる。長時間労働は、専門
職の心身の健康に好ましくない影響を与える。場合によっては、過労
死を招く危険性もある。過労死ほど、悲惨なものはない。

労働基準法は、専門職の健康と福祉を確保するため、勤務状況に応
じて、健康と福祉を確保するための措置を労使協定において定めるこ
とを求めている。

厚生労働省は、「健康と福祉を確保するための措置」として、図表
に示すものを掲げている。会社は、時間外労働が長い専門職について、
これらのうちいずれか１つを講ずることが必要である。

### 図表８－４　長時間労働の専門職の健康・福祉の措置

| |
|---|
| 1　代償休日または特別休暇の付与 |
| 2　健康診断の実施 |
| 3　まとまった日数の年次有給休暇の取得の奨励 |
| 4　こころと身体の健康相談窓口の設置 |
| 5　適切な場所への配置転換 |
| 6　産業医等による助言・指導を受けさせること |

### ④　苦情の処理

専門職から、業務に関して苦情が出されることがある。例えば、「本
来の業務以外の雑用が多すぎる」「会議や打ち合わせが多すぎる」「仕
事の成果が正しく評価されていない」などである。

労働基準法は、「専門職の苦情を処理するための措置」を労使協定

に盛り込むことを求めている。

⑤　記録の保存

　労働基準法は、次の記録を、労使協定の有効期間終了後3年間保存することを協定するように定めている。

　・健康と福祉を確保するために講じた措置
　・苦情を処理するために講じた措置

**様式例8−1　健康と福祉の確保措置の記録**

| 対象者氏名 | |
|---|---|
| 講じた措置の内容 | |
| 措置の実施日 | |
| 措置を講ずるに至った経緯<br>（本人の勤務状況・健康状態） | |
| 備考 | |

**様式例8−2　苦情処理の記録**

| 苦情申出者の氏名 | |
|---|---|
| 苦情の内容 | |
| 苦情の申出日 | |
| 苦情処理の措置の内容 | |
| 備考 | |

⑥　労使協定の例

　専門業務型裁量労働制についての労使協定例を示すと、次のとおりである。

〈専門業務型裁量労働制の労使協定例〉
○その1

専門業務型裁量労働制に関する労使協定

　○○株式会社（以下、「会社」という）と○○労働組合（以下、「組合」という）とは、労働基準法第38条の３に定めるところにより、専門業務型裁量労働制について、次のとおり協定する。

記

1　対象業務
　新商品・新技術の研究開発の業務


2　みなし労働時間
　１日９時間


3　業務遂行の手段等の指示
　会社は、１の対象業務に従事する者に対しては、その業務を遂行する手段および時間配分等について、具体的な指示は行わない。


4　健康・福祉を確保する措置
　会社は、時間外勤務が１か月70時間以上に及んだ者について、その健康と福祉を確保するために、次の措置を講ずる。
　(1)　年次有給休暇の取得の奨励
　(2)　本人が申し出た場合における、産業医による健康相談


5　苦情の処理
　会社は、対象業務に従事する者から業務について苦情が出されたときは、関係者の意見を聴くなどして誠実に処理する。


6　記録の保存
　会社は、次の記録をこの協定の有効期間終了後３年間保存する。
　(1)　対象社員の健康・福祉を確保するために講じた措置の内容

(2)　対象社員の苦情を処理するために講じた措置の内容

　この協定は、○○年○○月○○日から１年間有効とする。有効期間満了日の１か月前までに会社・組合のいずれからも申出がなかったときは、さらに１年間有効とし、その後も同様とする。

○○年○○月○○日

○○株式会社取締役社長○○○○印

○○労働組合執行委員長○○○○印

以上

○その２

専門業務型裁量労働制に関する労使協定

　○○株式会社（以下、「会社」という）と○○株式会社社員代表（以下、「社員代表」という）とは、専門業務型裁量労働制について、次のとおり協定する。

| 1　対象業務 | 1　情報処理システムの分析の業務<br>2　情報システムの設計の業務 |
|---|---|
| 2　みなし労働時間 | 12月　　1日10時間<br>それ以外の月　　1日9時間 |
| 3　業務の指示 | 会社は、対象業務に従事する者に対して、業務遂行の手段、時間配分等に関して、具体的な指示を行わない。 |
| 4　健康と福祉を確保するための措置 | 会社は、1か月の時間外労働時間がおおむね60時間を超えた者について、その健康と福祉を確保するため、次の措置を講じる。<br>1　年次有給休暇の時季指定による付与<br>2　所定始業時刻以降の出勤（勤務間インターバル）<br>3　健康診断の実施（本人が申し出た場合） |

| 5 苦情処理 | 1　対象社員は、業務上の苦情を人事部に申し出ることができる。<br>2　苦情の申出があった場合、人事部は、誠実に対応する。 |
|---|---|
| 6 記録の保存 | 会社は、次の記録を労働基準法に定める期間安全に保管する。<br>1　対象社員の健康と福祉の確保のために講じた措置<br>2　対象社員の苦情を解決するために講じた措置 |

1　この協定の内容について疑義が生じたときは、会社および社員代表が誠実に協議して解決するものとする。

2　この協定の有効期間は、○○年○○月○○日から3年間とする。有効期間満了日の1か月前までに会社・社員代表のいずれからも申出がなかったときは、さらに1年間有効とし、その後も同様とする。

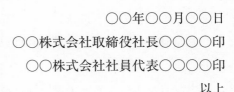

○○年○○月○○日
○○株式会社取締役社長○○○○印
○○株式会社社員代表○○○○印
以上

## 3　みなし労働時間制の運用の留意点

### (1)　労使協定の相手方

　専門職に対してみなし労働時間制を適用するためには、労使協定を結ぶことが必要である。労使協定を結ぶことなく、会社側の一方的な意向で適用することは労働基準法違反である。

　労使協定の相手方は、労働組合（労働組合がない場合には、労働者の過半数を代表する者）であり、専門職の代表者ではない。

　しかし、みなし労働時間制を適用されるのは、専門職である。この

ため、厚生労働省は、「労使協定の締結に当たっては、専門職の意見を聴くことが望ましい」としている（昭和63・3・14、基発150号）。

## (2) 労使協定の有効期間

労使協定では、有効期間を定めることになっている。

労使協定の有効期間については、特に定めがあるわけではないが、厚生労働省では、「制度が不適切に運用されるのを防ぐため、有効期間は3年以内とすることが望ましい」としている（平成15・10・23、基発103001号）。

## (3) みなし労働時間の決定基準

みなし労働時間制を適用することにより、専門職の時間管理を統一的・効率的に行うことが可能になるが、みなし時間は、専門職の労働実態を踏まえて現実的に設定することが重要である。

一口に「専門職」といっても、その労働時間は、人によって異なるであろう。毎日のように夜の9時、10時ごろまで働いている者もいれば、終業時刻後30分か、1時間程度以内に退社している人もいるであろう。

また、月によっても、労働時間に波が見られるであろう。平均労働時間が比較的長い月もあれば、短い月もあるであろう。

「労働時間が短い専門職」「労働時間が短い月」を基準としてみなし時間を設定すると、専門職の多くは、「みなし時間は、専門職の労働実態に合っていない」として反発するであろう。

みなし時間は、「専門職の平均的な労働時間数」を踏まえて設定するのが妥当である。

**図表8−5　みなし労働時間の決め方**

・日によって労働時間に長短はあるが、平均的にみて8時間30分程度であるとき

➡ 8時間30分労働とみなす

・人によって差異はあるものの、平均的にみて9時間程度であるとき

➡ 9時間労働とみなす

・通常は8時間30分程度、年末、年度末は特に忙しく10時間程度であるとき

➡ 3月、12月は10時間、それ以外の月は8時間30分労働したとみなす

## (4)　みなし時間の見直し

　業務の具体的な進め方は、どのような業務であっても、一般的に経営環境の変化や技術の進歩発展（イノベーション）などを受けて変化するものである。

　専門業務も、同様である。その進め方は、時の推移とともに変化する。したがって、その業務の遂行に必要とされる時間も変化する。例えば、これまで3時間程度を必要としていた業務が、機械の導入などによって、2時間30分、あるいは2時間程度で遂行できるようになる。

　業務の遂行に必要とされる時間を少しでも短縮することが、いわゆる「経営努力」というものである。

　専門業の「みなし労働時間」の場合、ひとたび決まると、その時間が長く固定される傾向がある。例えば、ある専門業務のみなし労働時間が労使の間で「9時間」と合意されると、技術の進歩によって所要時間が短くなっているにもかかわらず、そのみなし時間が5年、10年にわたって継続される。

　会社は、2、3年ごとに「現在のみなし労働時間が適正であるか」をチェックし、必要に応じてその見直しを行うことが望ましい。

⑸ 休憩、深夜業、休日の取り扱い

① 労働基準法の適用

　労働基準法は、休憩、深夜業および休日についても、使用者が守るべき基準を示している。主な基準は、図表に示すとおりである。

　これらの基準は、専門業務型裁量労働制にも適用される（昭和63・3・14.、基発150号、平成3・1・1、基発1号）。

　経営者や人事担当者の中には、「専門業務型裁量労働制については、休憩、深夜業および休日の規定は適用されない」と考えている者がいるが、それは間違いである。

図表8－6　労働基準法の休憩・深夜業・休日の主な規定

| | 規定 | 条項 |
|---|---|---|
| 休憩 | ①労働時間が6時間を超えるときは45分、8時間を超えるときは1時間の休憩を与えなければならない。<br>②休憩は全員いっせいに与えなければならない。<br>③休憩は自由に利用させなければならない。 | 第34条 |
| 深夜業 | 労働者を深夜に労働させたときは、割増賃金を支払わなければならない。 | 第37条 |
| 休日 | ①毎週少なくとも1回の休日を与えなければならない。<br>②労使協定を結べば休日に労働させることができる。<br>③休日に労働させたときは、割増賃金を支払わなければならない。 | 第35条、第36条、第37条 |

② 深夜勤務・休日勤務の事前届出

　専門職にも深夜業の規定が適用されるので、深夜に勤務したときは、深夜勤務手当を支払わなければならない。残業が長引いて深夜に及んだにもかかわらず、深夜勤務手当を支払わないのは、明らかに労

働基準法違反である。

また、専門職にも休日の規定が適用されるので、休日に勤務したときは、休日勤務手当を支払わなければならない。

「専門職の健康管理」「深夜勤務手当・休日勤務手当の適正管理」のため、深夜勤務と休日勤務については事前届出制とし、その抑制を図るのがよい。

**様式例8－3　深夜勤務・休日勤務の届出**

| | ○○年○○月○○日 |
|---|---|
| 所属長殿 | |
| | ○○○○印 |

深夜・休日勤務届<br>（□深夜勤務　□休日勤務）

| 月日 | ○○月○○日　（　　） |
|---|---|
| 勤務時間 | ○○時○○分～○○時○○分 |
| 業務内容 | |
| 備考 | |

以上

**(6)　就業規則への記載**

専門職にとって、「労働時間がどのように算定されるか」は、重要な関心事項である。専門職がみなし労働時間の適用について正しく理解していないと、労働時間の取り扱いを巡ってトラブルが生じる可能性がある。

専門職に対してみなし労働時間制を適用するときは、就業規則にその旨を明記しておくのがよい。

また、専門職社員を新たに採用するときは、「労働時間については、みなし労働時間制を適用する」旨を知らせておく。

〈就業規則への記載例〉

○その1

> （専門業務に従事する者の勤務時間の取り扱い）
> 第○条　次の専門業務に従事する者（以下、「専門職」という）について
> は、労働基準法に定める専門業務型裁量労働制を適用し、
> 労使協定において定める時間、勤務したものとする。
> (1)　新商品・新技術の開発
> (2)　情報処理システムの分析・設計
> 2　専門職が欠勤したとき、および遅刻・早退により、所定勤務時
> 間勤務しなかったときは、第1項は適用しない。

○その2

> （専門職の勤務時間の算定）
> 第○条　労働基準法に定める専門業務を遂行する者については、労
> 使協定で定める時間勤務したものとみなす。

## (7)　時間外労働手当の支払義務

　労働基準法は、「1日8時間、1週40時間を超えて労働させたとき
は、割増賃金（時間外労働手当）を支払わなければならない」と定め
ている。この規定は、専門業務型裁量労働制にも適用される。

　例えば、専門職のみなし労働時間を9時間と定めた場合、法定労働
時間を超える1時間は「時間外労働」に該当する。したがって、その
社員に対して1時間分の時間外労働手当を支払うべき義務が生じる。
もしもその社員が1か月20日勤務したとすれば、20時間分（1時間×
20日＝20時間）の時間外労働手当を支払わなければならない。

**図表８－７　みなし労働時間と時間外労働手当**

・みなし労働時間８時間の場合➡時間外労働手当を支払う必要なし
・みなし労働時間９時間の場合➡１時間分の時間外労働手当を支払うことが必要
・みなし労働時間10時間の場合➡２時間分の時間外労働手当を支払うことが必要

### (8)　専門職手当の金額

#### ①　時間外労働手当と専門手当

　システムエンジニア、デザイナー、コピーライター等の専門職を雇用している会社には、それらの社員の業務の性格に配慮して「専門手当」あるいは「専門業務手当」という名称の手当を支給するだけで、時間外労働手当は支払っていないところがある。そのような会社は、専門手当の金額に十分留意することが必要である。

　もしも、専門手当の金額が少ないと、結果的に「時間外労働手当の不払い」という問題が生じるからである。

　例えば、専門職のみなし労働時間を９時間と定めている会社の場合、８時間を超える１時間が時間外労働となる。したがって、１か月当たり「１時間×所定労働日数」に相当する時間外労働手当を支払うべき義務がある。所定労働日数が20日であれば、20時間分の時間外労働手当を支払わなければならない。

　この会社の場合、専門手当の金額が「時間外労働15時間分」であるとすると、結果的に５時間分の時間外労働手当が支払われていないことになり、労働基準法に違反する。

　専門手当（専門業務手当）という名称の手当を支払うだけで、時間外労働手当は支払わない会社は、その金額に留意する必要がある。時間外労働手当をカバーする金額にすることが必要である。

## ② 給与規程への記載

　時間外労働手当という名称の手当は支払わず、、時間外労働手当をカバーする形で専門手当の金額を定めている会社は、トラブルを防ぐため、「専門手当の中には、一定時間に相当する時間外労働手当が含まれている」旨を給与規程に明記しておくのが賢明である。

〈給与規程への記載例〉

○その1

---

（専門手当）

第○条　労働基準法に定める専門業務に従事する者に対しては、専門手当を支払う。

　　　（専門手当）本人の時間外勤務手当○○時間分に相当する額

---

○その2

---

（専門業務手当）

第○条　専門職に対しては、専門業務手当を支払う。この額には、○○時間に相当する時間外労働手当が含まれる。

　　　（専門業務手当）○万円

---

○その3

```
（専門手当）
第○条　専門的知識を必要とする業務に従事する者に対しては、次
　　の区分により専門手当を支給する。
　　　　　上級職　　　○万円
　　　　　中級職　　　○万円
　　　　　初級職　　　○万円
　2　上記の金額には、次の時間外・休日勤務手当を含む。
　　　①　時間外勤務　　30時間
　　　②　休日勤務　　　8時間
```

## 4　労働時間の把握

　専門職に対して裁量労働制（みなし労働時間制）を適用している会
社の中には、「裁量労働制は、あらかじめ定めた時間労働したものと
みなす制度であるから、会社が労働時間を把握する必要はない」と考
え、実際に労働時間を把握していないところが少なくないといわれる。

　しかし、そのような考えは正しくない。裁量労働制を適用する場合
であっても、使用者は労働時間を管理する義務を負っている。した
がって、「タイムカードを使用する」「ICカードを使用する」「始業時
刻、終業時刻を記載した業務報告書（日報・週報・月報）を提出させ
る」などの方法によって、社員一人ひとりについて、労働時間を把握
しなければならない。

## 様式例8-4　業務週報

○その1

所属長殿

　　　　　　　　　　　　　　　　　　　　（氏名）○○○○

業務報告（○月○日～○月○日）

| 日 | 曜日 | 始業・終業時刻 | 業務内容 | 備考 |
|---|---|---|---|---|
| | 月 | | | |
| | 火 | | | |
| | 水 | | | |
| | 木 | | | |
| | 金 | | | |
| | 土 | | | |
| | 日 | | | |

　　　　　　　　　　　　　　　　　　　　　　　　　　以上

（注）　1　業務内容は、具体的に記載すること。
　　　　2　翌週月曜日の午前中までに提出すること。

○その2

　　　　　　　　　　　　　　　　　　○○年○○月○○日

所属長殿

　　　　　　　　　　　　　　　　　　（氏名）○○○○

業務報告（○○月○○日～○○月○○日）

1　業務内容

| |
|---|
| |

2　勤務

| 日 | 曜日 | 出勤時刻 | 退勤時刻 | 時間外勤務時間数 | 休日勤務時間数 | 備考 |
|---|---|---|---|---|---|---|
| | 月 | | | | | |
| | 火 | | | | | |
| | 水 | | | | | |
| | 木 | | | | | |
| | 金 | | | | | |
| | 土 | | | | | |
| | 日 | | | | | |

（提出期限）翌週月曜の午前中

214

第9章

# 残業費の管理と予算制度

## 1　定額残業代制

### ⑴　残業代の計算事務

　仕事が忙しいために社員に残業（時間外労働）をさせたときは、その代償として残業代（時間外労働手当）を支払うことが必要である。

　月給制の正社員の場合、残業代の支払いについては、一般に、図表に示すような手順を踏む必要がある。

　社員によって、残業時間数も異なれば、給与の額も違う。残業時間が40時間、50時間の者もいれば、わずか数時間の者もいる。残業代計算の基礎となる給与が高い社員もいれば、20万円前後の社員もいる。このため、実務的に相当程度の労力を必要とする。社員数が多い会社では、残業代の計算のために人事担当者が残業をしなければならない。

**図表9－1　残業代計算の手順**

| ① | 社員一人ひとりについて、タイムカード、ICカードなどにより日々の残業時間数を確認する。 |
|---|---|
| ② | 日々の残業時間を合計して、1か月の時間数を求める。 |
| ③ | 各人の所定内給与から家族手当、通勤手当等を差し引いて、残業代計算のための基礎給与を確定する。 |
| ④ | 各人の残業代計算のための基礎給与をもとにして「1時間当たり給与」を算定する。 |
| ⑤ | 「1時間当たり給与」に、残業時間数と割増率（25％。ただし、60時間超は50％）を乗じて、残業代を計算する。 |
| ⑥ | 休日出勤については、割増率を35％とする。 |

### (2)　定額残業代制とは

　こうしたところから、残業代支払いの手間を省くことを1つの目的として、「定額残業代制」を実施しているところがある。これは、毎月一定額（例えば、25時間の残業代相当額）を残業代として支払うというものである。

### (3)　定額残業代制のメリットとリスク

　定額残業代制を実施することにより、給与計算の事務の簡略化を図ることができる。

　また、社員の立場からすると、業務の遂行に工夫を凝らし、短時間で業務を終了させれば利益を得ることができるので、働き方改革を促進するというメリットも期待できる。例えば、25時間分の残業代が支払われている場合において、15時間の残業で業務を完成させれば、10時間分の残業代が労せずして得られる。

　しかし、その一方で、実際の残業時間が予定を上回った場合に、追加の残業代の支払いを要するというリスクもある。

　さらに、定額残業代は、毎月安定的に支払われるため、社員は、こ

れを所定内給与と同じように「固定収入」と受け止め、消費を増やしてしまう。その結果、時短を推進するための残業時間縮減が困難となる、という問題もある。

## (4) 定額残業代制の種類

定額残業代制には、「組み込み型」と「手当型」、「残業限定型」と「休日勤務組み込み型」、「年間同一型」と「通常期・繁忙期型」などの種類がある。

### 図表9－2　定額残業代制の種類
○その1　「組み込み型」と「手当型」

| 組み込み型 | 本給の中に残業代を組み込む（例えば、基本給の中に30時間分の残業代を組み込む） |
|---|---|
| 手当型 | 基本給とは別建ての手当として支払う（例えば、基本給とは別建てで、30時間分を支払う） |

○その2　「残業限定型」と「休日勤務組み込み型」

| 残業限定型 | 残業代に限定する（例えば、30時間分の残業代を毎月支払う） |
|---|---|
| 休日勤務組み込み型 | 残業代と休日勤務手当を支払う（例えば、30時間分の残業代と1日分の休日出勤代を支払う） |

○その3　「年間同一型」と「通常期・繁忙期型」

| 年間同一型 | 年間を通して同額の残業代を支払う（例えば、年間を通して毎月30時間分の残業代を支払う） |
|---|---|
| 通常期・繁忙期型 | 繁忙期には増額した残業代を支払う（例えば、通常期には20時間分、繁忙期には40時間分を支払う） |

## (5) 実施上の留意点

定額残業代制を実施するときは、残業の実態を踏まえて残業代を決めることが何よりも重要である。

月によって時間数が多少変動するものの、おおむね30時間程度の残

業が行われていれば、30時間分に相当する金額を毎月支払う。また、平日の残業が毎月20時間程度、休日勤務が8時間程度であれば、それに相当する金額を支払う。

　毎月支払われる金額が、実際に行われている平均的な残業時間を下回ると、残業代の一部が支払われていないことになり、労働基準法違反となる。

　例えば、毎月30時間程度の残業が恒常的に行われていると認められるのに、定額の残業代が20時間分程度であると、10時間分の残業代が支払われていないことになる。

　このような場合は、労働基準監督署の立入検査を受けたときに監督官から「残業代の一部が支払われていない」と指摘され、「過去にさかのぼって不足分を支払うように」と指導される。

### 図表9-3　定額残業代制の実施上の留意事項

| |
|---|
| ①　平均的な残業の実態をよく把握して、残業代を決める（例えば、平均的な残業時間が1か月25時間程度であれば、各人に25時間の残業代を支払う）。 |
| ②　残業時間の実績は、毎月適正に把握する（会社は、社員各人の勤務時間を把握する義務がある）。 |
| ③　実際の残業時間が定額残業代を超えたときは、超えた分を支払う。 |
| ④　社員に対して、定額残業代制の趣旨と内容をよく説明する。 |
| ⑤　定額残業代を「営業手当」「業務手当」「繁忙手当」などの名目で支払うときは、その中に一定時間の残業代が含まれていることをよく説明する。 |

## 2　残業費予算制度の意義

### (1)　増加しがちな残業費

　経営経費の中で、人件費は相当大きな比重を占める。また、人件費は「固定費」という性格を持っている。このため、どの会社も、正社

員の人員は必要最小限に抑えている。その限られた人員で、業務を円滑に進めていくうえで、残業（時間外労働・時間外勤務）は必要不可欠である。

　残業費の支給総額は、一般に増加しがちである。売上や営業利益の伸び率以上に増加しがちである。

　経営の健全性・安定性を維持するためには、時間外勤務手当費を適切に管理することが必要である。言い換えれば、時間外勤務手当の支給総額を適切に管理しなければ、厳しい経営環境の中で、経営の健全性・安定性を確保することは難しい。

　また、いくら合理的な給与制度を整備しても、時間外勤務の管理がルーズで、手当の支給額がいたずらに増大していくのでは、まったく意味がない。

### ⑵　残業費の予算管理

　残業費（時間外勤務手当費）を合理的に管理するため、予算制度を適用することが望ましい。すなわち、あらかじめ1年間の業務量の見通しに基づいて時間外勤務時間数を予測し、時間外勤務手当の支払予定額を算定する。そして、実際の時間外勤務手当の支払総額がその枠内で収まるように管理していく。

　予算制度を実施するときは、予算管理の責任者を決めておく。一般的には、

　　・人事部長が総括管理を行う
　　・各部門の長が部門の管理を行う
という態勢を採用するのが現実的である。

## 3　残業費予算制度の実施手順

　残業費の予算制度は、合理的な方法で、要領よく実施されることが必要である。また、現場の役職者の負担が過度に重くならない形で実

施されることが望ましい。

　予算制度の実施手順を実務に即して示すと、次のとおりである。

### (1)　各部門の長への残業計画提出依頼

　残業は、業務と密接に結びついている。業務の量が多ければ残業時間数も多くなる。

　会社は、業務を組織的・計画的に遂行するため、部門ごとに業務目標を立てるのが一般的である。生産部門については、年度の生産目標を立て、営業部門については、年度の販売目標を立てる。各部門の責任者は、社長から示された業務目標を、部下を指揮命令して確実に達成すべき責務を負っている。

　「社長から示された部門目標を達成するには、部下にどれくらいの残業をさせる必要があるか」を最もよく知る立場にあるのは、現場の責任者（役職者）である。そこで、人事部長は、各部門の長に対して、年間の時間外勤務時間の計画を立てて人事部に提出するように求める。

## 様式例９－１　各部門への残業計画提出依頼

○その１

```
                                    ○○年○○月○○日
部長各位
                                         人事部長
       ○○年度の時間外勤務時間計画の提出について（依頼）
　下記により○○年度の時間外勤務時間計画書を作成し、これを当部に
提出するよう、お願い申し上げます。
                      記
1　時間外勤務時間数は、部門の業務計画、人員および前年度の実績を
　十分に踏まえて算定すること。
2　時間外勤務時間計画は、月別に計上すること。
3　時間外勤務には、休日勤務も含んで計上すること。
4　年度の途中で経営環境または部門人員等に大きな変化があったとき
　は、修正計画を提出すること。
5　○○月○○日（　）までに提出すること。
                                             以上
```

（参考）前年の各部の時間外勤務の実績

|    | ○○部 | ○○部 | ○○部 | ○○部 | ○○部 |
|----|------|------|------|------|------|
| 4  |      |      |      |      |      |
| 5  |      |      |      |      |      |
| 6  |      |      |      |      |      |
| 7  |      |      |      |      |      |
| 8  |      |      |      |      |      |
| 9  |      |      |      |      |      |
| 10 |      |      |      |      |      |
| 11 |      |      |      |      |      |
| 12 |      |      |      |      |      |
| 1  |      |      |      |      |      |
| 2  |      |      |      |      |      |
| 3  |      |      |      |      |      |
| 計 |      |      |      |      |      |

（注）休日勤務を含む。

○その2

> ○○年○○月○○日

各部長殿

> 取締役社長

　　　○○年度の時間外勤務時間計画の提出について（指示）
　　○○年度の人件費予算を策定するため、下記要領により時間外勤務計画書を作成し、これを人事部長に提出されたい。

　　　　提出期限　　○○月○○日（　）

（時間外勤務計画作成要領）

1　時間外勤務時間数は、部門の業務計画、人員および前年度の実績を十分に踏まえて算定すること。
2　時間外勤務計画は、月別に計上すること。
3　時間外勤務には、休日勤務も含んで計上すること。
4　年度の途中で経営環境または部門人員等に大きな変化があったときは、修正計画を提出すること。

> 以上

⑵　**各部門における時間外勤務時間計画の作成・提出**

　①　**時間外勤務時間数の算定基準**

　部門の時間外勤務時間数（残業時間数）は、全社の時間外勤務手当支給額の基礎となるものである。部門の時間数の算定がいい加減なものであったら、時間外勤務手当の総額を算定する意味はなくなる。

　時間外勤務時間は、合理的な基準に基づいて算定されなければならない。

　各部門の長は、

　・トップから指示された年間の業務目標

　・部門の人員

　・前年度の時間外勤務時間の実績

などを踏まえて、年間の時間外勤務時間数の見込値を算出する。

## ②　業務計画・人員・前年実績

通常の業務の場合、「業務量」と「投入時間数」とは、正比例の関係にある。達成すべき業務の量が多ければ多いほど、それに要する労働時間数も多くなる。逆に、業務の量が少なければ、少ない労働時間で処理することが可能である。

このため、部門長は、担当部門の年間の業務目標・業務計画を勘案して、時間外勤務時間数を算定する。

「投入時間数」は、「人員」と深い関係にある。人員が多ければ多いほど、１人当たりの労働時間は少なくなる。しかし、人員が少なければ、１人当たりの労働時間を長くせざるを得ない。

もちろん、仕事の経験年数が長くなり、その仕事に習熟すれば一定の時間で処理できる数量が増加する。例えば、１時間に10個製造することができた製品を12個、13個作れるようになる。しかし、習熟に伴う生産性の向上には、おのずから一定の限界がある。

また、現実には、経験年数の長いベテラン社員が退職し、未経験の新人が入社し、１人平均の仕事の処理量が減少するという問題もある。

このように、習熟に伴う生産性の向上には一定の限界があることを考えると、年間の時間外勤務の時間数の算定に当たって最も参考になるのは、前年度の時間外勤務の実績であろう。すなわち、「前年、部員１人当たりの残業時間は、どれだけであったか」という情報であろう。

## ③　時間外勤務と休日勤務

各部門における時間外勤務の算定については、実務的に
・時間外勤務と休日勤務とに区分して算定させる
・時間外勤務と休日勤務とを合算した数値を算定させる
の２つがある。

労働基準法は、時間外勤務・休日勤務に対して割増賃金の支払いを

定めている。時間外勤務と休日勤務とでは、法定の割増率が異なる。このため、各部門の長に対して、時間外勤務と休日勤務とを区分して時間数を算定させることも考えられるが、それでは負担が重すぎるであろう。

　一般的には、時間外勤務と休日勤務とを合わせた時間数を算定させるのが現実的であろう。

（注）時間外手当・休日手当の割増率は、実務的に、次の5つに区分される。したがって、時間外勤務手当の総額を算定するという観点からすれば、時間数もこの5つに区分して算定させるのが合理的といえる。しかし、そこまで細かく時間数を算定させるのは、現実的には無理であろう。

### 図表9−4　時間外勤務等の法定割増率

| ・時間外勤務時間数（1か月60時間以内）➡25％ |
| --- |
| ・時間外勤務時間数（1か月60時間超の部分）➡50％ |
| ・時間外勤務時間数（午後10時以降）➡50％（時間外25％＋深夜25％） |
| ・休日勤務➡35％ |
| ・休日勤務（午後10時以降）➡60％（休日35％＋深夜25％） |

（注）一般の勤務形態の場合

### ④　算定の期間

時間外勤務時間の算定期間については、実務的に

　・月ごとに算定させる

　・四半期ごとに算定させる

　・半期ごとに算定させる

　・年度の総時間を算定させる

などがある。

　正社員の給与は、一般的に月給制である。また、時間外勤務手当に

ついては、時間外勤務が行われた日からできる限り早い時期に支払うことが求められている。さらに、予算制度の目的の１つに、「資金繰りの円滑化」がある。

　これらのことを考慮すると、月ごとに算定させるのが妥当であろう。

**図表９−５　算定の期間**

| | 例 |
|---|---|
| １か月方式 | １月＝○時間、　２月＝○時間、　３月○時間、<br>４月＝○時間（以下、略） |
| 四半期方式 | ４〜６月＝○時間、　７〜９月＝○時間、<br>10〜12月＝○時間、　１〜３月＝○時間 |
| 半期方式 | 上期＝○時間、下期＝○時間 |
| 年間方式 | 年間総計＝○時間 |

⑤　人事部への提出

　各部門は、部門の業務目標・業務計画などを踏まえて時間外計画を算定したときは、これを人事部へ提出する。

## 様式例9－2　人事部への時間外勤務時間計画届

○その1（月単位の場合）

○○年○○月○○日

人事部長殿

○○部長

○○年度の時間外勤務時間計画

|  | 時間外勤務時間数 | 前年度実績 | 前年度比 | 備考 |
|---|---|---|---|---|
| 4月 |  |  |  |  |
| 5 |  |  |  |  |
| 6 |  |  |  |  |
| 7 |  |  |  |  |
| 8 |  |  |  |  |
| 9 |  |  |  |  |
| 10 |  |  |  |  |
| 11 |  |  |  |  |
| 12 |  |  |  |  |
| 1 |  |  |  |  |
| 2 |  |  |  |  |
| 3 |  |  |  |  |
| 計 |  |  |  |  |

（注）休日勤務時間数を含む。

○その2（四半期単位の場合）

人事部長殿

　　　　　　　　　　　　　　　　　　　　　　　　○○部長

○○年度の時間外勤務時間計画

|  | 時間外勤務時間数 | 前年度実績 | 前年度比 | 備考 |
|---|---|---|---|---|
| 4月～6月 |  |  |  |  |
| 7月～9月 |  |  |  |  |
| 10月～12月 |  |  |  |  |
| 1月～3月 |  |  |  |  |
| 計 |  |  |  |  |

（注）休日勤務時間数を含む。

## (3)　時間外勤務手当予算の算定

　人事部では、各部門から報告された時間外勤務時間数の計画値をもとにして、その部門の年間の時間外勤務手当（残業代）の総額を算定する。

　　各部門の時間外勤務手当＝その部門の年間時間外勤務時間数×
　　　　　　　　　　　　　　　その部門の社員の平均時間給×1.25

（注）給与は、家族手当、通勤手当を除いた金額。

　例えば、A事業所（年間時間外勤務時間数4,800時間、平均時間給1,600円）の場合、年間時間外勤務手当予算は、次のように計算される。

　　（A事業所の年間時間外勤務予算）4,800時間×1,600円×1.25＝
　　9,600,000円

　各部門の金額を積み上げて、会社全体の時間外勤務手当費予算を算定する。

## 様式例9－3　時間外勤務手当費予算

○その1（月別方式の場合）

時間外勤務手当費予算（○○年度）

### 1　総括表

| 項目 | 予算 | 前年度実績 | 前年度比 | 備考 |
|---|---|---|---|---|
| 時間外勤務<br>時間数 | | | | |
| 時間外勤務<br>手当 | | | | |

### 2　月次別表

| | 時間外勤務<br>時間数 | 前年度比 | 時間外勤務<br>手当 | 前年度比 | 備考 |
|---|---|---|---|---|---|
| 4 | | | | | |
| 5 | | | | | |
| 6 | | | | | |
| 7 | | | | | |
| 8 | | | | | |
| 9 | | | | | |
| 10 | | | | | |
| 11 | | | | | |
| 12 | | | | | |
| 1 | | | | | |
| 2 | | | | | |
| 3 | | | | | |
| 計 | | | | | |

### 3　部門別表

| 部門 | 時間外勤務<br>時間数 | 前年度比 | 時間外勤務<br>手当 | 前年度比 | 備考 |
|---|---|---|---|---|---|
| | | | | | |
| | | | | | |
| | | | | | |
| | | | | | |
| 計 | | | | | |

○その2　（四半期方式の場合）

時間外勤務手当費予算（○○年度）

1　総括表

| 項目 | 予算 | 前年度実績 | 前年度比 | 備考 |
|------|------|-----------|----------|------|
| 時間外勤務時間数 | | | | |
| 時間外勤務手当 | | | | |

2　四半期別表

| | 時間外勤務時間数 | 前年度比 | 時間外勤務手当 | 前年度比 | 備考 |
|------|------|------|------|------|------|
| 4～6月 | | | | | |
| 7～9月 | | | | | |
| 10～12月 | | | | | |
| 1～3月 | | | | | |
| 計 | | | | | |

3　部門別表

（省略）

## (4)　時間外勤務手当費予算の社長承認

　社長は、経営の最高責任者として、経営経費全般を適切に管理する責任を負っている。このため、人事部長は、時間外勤務手当の予算を算定したときは、社長の承認を求める。

## 様式例9－4　時間外勤務手当費予算の承認願

○○年○○月○○日

取締役社長殿

人事部長

○○年度時間外勤務手当費予算について（伺い）

1　総括表

| 項目 | 予算 | 前年度実績 | 前年度比 | 備考 |
|---|---|---|---|---|
| 時間外勤務時間数 | | | | |
| 時間外勤務手当 | | | | |

2　月次別表

| | 時間外勤務時間数 | 前年度比 | 時間外勤務手当 | 前年度比 | 備考 |
|---|---|---|---|---|---|
| 4 | | | | | |
| 5 | | | | | |
| 6 | | | | | |
| 7 | | | | | |
| 8 | | | | | |
| 9 | | | | | |
| 10 | | | | | |
| 11 | | | | | |
| 12 | | | | | |
| 1 | | | | | |
| 2 | | | | | |
| 3 | | | | | |
| 計 | | | | | |

3　部門別表

| 部門 | 時間外勤務時間数 | 前年度比 | 時間外勤務手当 | 前年度比 | 備考 |
|---|---|---|---|---|---|
| | | | | | |
| | | | | | |
| | | | | | |
| | | | | | |
| | | | | | |
| 計 | | | | | |

以上

## ⑸ 時間外勤務手当費の修正

### ① 人事部への修正届

部門の業務をめぐる環境に変化が生じることがある。例えば、トップから「販売が予想以上に好調なので生産を20％増加せよ」という指示が出されることがある。

反対に、日本経済が不況に見舞われ、その影響で自社製品の売れ行きが落ち込んだときは、時間外勤務を抑制し、稼働率を落とすことが必要となる。

このように、当初予定していた業務環境に大きな変化が生じたときは、部門長は、当初の時間外勤務計画を修正し、その修正内容を人事部に届け出る。

**様式例９－５　人事部への時間外勤務計画の修正届**

○○年○○月○○日

人事部長殿

○○部長

時間外勤務時間計画の修正について（届出）

| | 時間外勤務時間数（修正） | 当初の時間数 | 当初比 | 備考 |
|---|---|---|---|---|
| ○月 | | | | |
| ○月 | | | | |
| ○月 | | | | |
| 計 | | | | |

### ② 時間外勤務手当費予算の修正

人事部は、部門から時間外勤務計画の修正の申出があったときは、会社全体の時間外勤務予算を修正する。

## 様式例９−６　時間外勤務手当費修正予算

### 1　総括表

| 項目 | 修正予算 | 当初予算 | 当初予算比 | 備考 |
|---|---|---|---|---|
| 時間外勤務時間数 |  |  |  |  |
| 時間外勤務手当 |  |  |  |  |

### 2　月別

|  | 時間外勤務時間数（修正） | 当初の時間数 | 時間外勤務手当（修正） | 当初の勤務手当 |
|---|---|---|---|---|
| ○月 |  |  |  |  |
| ○月 |  |  |  |  |
| ○月 |  |  |  |  |
| 計 |  |  |  |  |

### 3　部門別表

| 部門 | 時間外勤務時間数（修正） | 当初計画比 | 時間外勤務手当（修正） | 当初予算比 | 備考 |
|---|---|---|---|---|---|
|  |  |  |  |  |  |
|  |  |  |  |  |  |
|  |  |  |  |  |  |
|  |  |  |  |  |  |
|  |  |  |  |  |  |
| 計 |  |  |  |  |  |

（注）時間外勤務時間数には、休日勤務時間数を含む。

③　修正予算の社長承認

人事部長は、修正予算について、社長の承認を得る。

**様式例９－７　修正した時間外勤務手当費予算の承認願**

○○年○○月○○日

取締役社長殿

人事部長

○○年度時間外勤務手当費予算の修正について（伺い）

1　総括表

| 項目 | 修正予算 | 当初予算 | 当初予算比 | 備考 |
|---|---|---|---|---|
| 時間外勤務時間数 | | | | |
| 時間外勤務手当 | | | | |

2　月別

| | 時間外勤務時間数（修正） | 当初の時間数 | 時間外勤務手当（修正） | 当初の勤務手当 |
|---|---|---|---|---|
| ○月 | | | | |
| ○月 | | | | |
| ○月 | | | | |
| 計 | | | | |

3　部門別表

| 部門 | 修正時間外勤務時間数 | 当初予算比 | 修正時間外勤務手当 | 当初予算比 | 備考 |
|---|---|---|---|---|---|
| | | | | | |
| | | | | | |
| | | | | | |
| | | | | | |
| | | | | | |
| 計 | | | | | |

（注）時間外勤務には、休日勤務時間数を含む。

以上

## (6) 社長への経過報告

　予算制度において重要なのは、「当初の計画通りに適切に執行されること」である。いくら経営環境を踏まえ、自社の実力や経営方針に適合した予算を編成しても、その執行がいい加減であれば、予算制度を実施する意味はない。

　また、社長は、経営の最高責任者として、予算が適切に執行され、経営が計画通りに遂行されているかを管理する責任を負っている。予算の執行状況をきちんと管理することにより、経営の健全性・安定性が確保される。

　このため、人事部長は、時間外勤務手当費について、その執行状況を定期的に報告する。当初の計画通りに支給されていれば、その旨報告する。もしも、支給総額が当初の予算をオーバーしているときは、どのような事情でそのようになったかを究明し、その結果を報告する。

　報告の頻度には、

　・毎月報告する

　・四半期ごとに報告する

　・半期ごとに報告する

などがある。

　時間外勤務手当の支給は、毎月1回発生するものである。このため、毎月報告することにするのが合理的であろう。

**様式例9－8　予算執行の経過報告**

○○年○○月○○日

取締役社長殿

人事部長

○○年度時間外勤務手当費予算の執行について（○○月）（報告）

1　総括表

| 項目 | 実績 | 予算 | 予算比 | 備考 |
|---|---|---|---|---|
| 時間外勤務時間数 |  |  |  |  |
| 時間外勤務手当 |  |  |  |  |

2　部門別表

| 部門 | 時間外勤務時間数 | 予算比 | 時間外勤務手当 | 予算比 | 備考 |
|---|---|---|---|---|---|
|  |  |  |  |  |  |
|  |  |  |  |  |  |
|  |  |  |  |  |  |
|  |  |  |  |  |  |
|  |  |  |  |  |  |
| 計 |  |  |  |  |  |

（注）時間外勤務手当には、休日勤務手当を含む。

以上

## (7)　時間外勤務手当費予算の決算

　人事部長は、予算年度が終了したときは、速やかに決算を行う。

　実際の支給額が予算の範囲内で収まったかどうかを検証する。予算との間に差異が生じたときは、その原因を究明し、次年度の予算管理に活かすこととする。

## 様式例９−９　時間外勤務手当費予算の決算報告書

○○年○○月○○日

取締役社長殿

人事部長

○○年度時間外勤務手当費予算の決算について（報告）

1　総括表

| 項目 | 実績 | 予算 | 予算比 | 備考 |
|---|---|---|---|---|
| 時間外勤務時間数 | | | | |
| 時間外勤務手当 | | | | |

2　月次別表

| | 時間外勤務時間数 | 予算比 | 時間外勤務手当 | 予算比 | 備考 |
|---|---|---|---|---|---|
| 4 | | | | | |
| 5 | | | | | |
| 6 | | | | | |
| 7 | | | | | |
| 8 | | | | | |
| 9 | | | | | |
| 10 | | | | | |
| 11 | | | | | |
| 12 | | | | | |
| 1 | | | | | |
| 2 | | | | | |
| 3 | | | | | |
| 計 | | | | | |

3　部門別表

| 部門 | 時間外勤務時間数 | 予算比 | 時間外勤務手当 | 予算比 | 備考 |
|---|---|---|---|---|---|
| | | | | | |
| | | | | | |
| | | | | | |
| | | | | | |
| | | | | | |
| 計 | | | | | |

（注）時間外勤務時間数には、休日勤務を含む。

236

## 4　時間外勤務手当費の適正性のチェック

　正社員については、「期間の定めのない雇用」が一般的となっている。仕事の量が多少減少したからといって、正社員を解雇することは認められていない。このため、終身雇用の下では、ある程度の時間外勤務が発生するのは避けられない。

　時間外勤務手当は、「コスト」である。したがって、時間外勤務手当費の増加は、経営にとって好ましいものではない。

　会社としては、時間外勤務手当費の適正性を常にチェックすることが望ましい。

　チェックポイントの1つは、社員数との関係である。時間外勤務手当が仕事の量に比例して増えるのはやむを得ないが、社員数が増えているのに増加するのは問題である。

　2つ目のチェックポイントは、売上高との関係である。時間外勤務手当費はコストであるから、売上高の増加率以上のテンポで増加するのは好ましいことではない。時間外勤務手当費が売上高の増加率以上のテンポで増加すると、それだけ利益が減少してしまう。経営のためには、時間外勤務手当費の増加率を売上高の増加率以下に抑えるのが望ましい。

　チェックの結果、
　・時間外勤務手当の増加率が社員数の増加率を上回る
　・時間外勤務手当の増加率が売上高の増加率を上回る
という状況が、2、3年続いたときは、業務の抜本的な見直し、パートタイマーの雇用拡大など、時間外勤務を抑制するための措置を講ずる必要がある。

**様式例９－10　時間外勤務手当の適正性のチェック表**

|  | 時間外勤務手当 | 増加率 | 社員数 | 増加率 | 売上高 | 増加率 |
|---|---|---|---|---|---|---|
| ３年前の年度 |  |  |  |  |  |  |
| 前前年度 |  |  |  |  |  |  |
| 前年度 |  |  |  |  |  |  |

# 5　時間外勤務手当費予算規程の作成と規程例

## (1)　時間外勤務手当の予算管理と規程

　時間外勤務は、どの部門でも発生するものである。特定の部門（例えば、生産部門、検査部門）だけで発生し、その他の部署では発生しないというものではない。したがって、その費用（残業代）の管理は、全部門の協力がなければ、その実効性を確保することは困難である。

　時間外手当の計算と支給は、人事部門の業務ではあるが、その総額の効果的な管理は、人事部門だけではできない。他の部門の全面的な協力がなければ、時間外手当の総額管理は不可能である。

　このため、時間外勤務手当の予算管理を行うときは、その取扱基準を「社内規程」として整備しておくことが望ましい。社内規程さえ策定すれば時間外手当の予算管理はうまくいくというほど甘いものではないが、社内規程の整備は、予算制度を成功させる重要な条件である。

**図表9−6　時間外勤務手当費予算規程の主な内容**

| | |
|---|---|
| ① | 予算年度の期間 |
| ② | 予算管理の責任者 |
| ③ | 各部門における時間外勤務時間計画の作成義務 |
| ④ | 人事部における時間外勤務手当費予算（以下、単に「予算」という）の作成義務 |
| ⑤ | 予算の社長承認 |
| ⑥ | 予算の執行と執行責任者の心得 |
| ⑦ | 社長に対する予算執行の経過報告 |
| ⑧ | 環境変化時の予算の修正手続き |
| ⑨ | 修正予算の社長承認 |
| ⑩ | 予算の決算 |
| ⑪ | 社長への決算報告 |
| ⑫ | その他 |

⑵　**規程例**

　時間外勤務手当費の予算規程の例を示すと、次のとおりである。

### 時間外勤務手当費予算規程

（総則）

第1条　この規程は、時間外勤務手当費（休日勤務手当費を含む）の予算制度について定める。

（予算年度）

第2条　時間外勤務手当費の予算年度は、4月1日から翌年3月31日までの1年とする。

（予算管理責任者）

第3条　時間外勤務手当費については、人事部長を総括管理責任者、部門長を部門の管理責任者とする。

（部門の時間外勤務計画の作成）

第4条　部門長は、毎年度、所管部門の時間外勤務時間の計画を作成し、これを人事部長に提出しなければならない。

2　部門の時間外勤務計画は、次の事項を踏まえて作成しなければならない。

(1)　部門の業務計画

(2)　社員数

(3)　前年度の実績

(4)　その他

（時間外勤務手当費予算の作成）

第5条　人事部長は、各部門長から提出された時間外勤務時間の計画をもとに会社全体の時間外勤務手当費予算を作成しなければならない。

（時間外勤務手当費予算の社長承認）

第6条　人事部長は、時間外勤務手当費予算について、社長の承認を得なければならない。

（時間外勤務計画の修正）

第7条　部門長は、次の場合には、必要に応じて時間外勤務計画を修正し、これを人事部長に提出しなければならない。

(1)　業務の量が著しく増減したとき

(2)　新規業務を取り扱うようになったとき

(3)　業務の処理方法が変更になったとき

(4)　人員が著しく増減したとき

(5)　その他時間外勤務計画を変更する必要が生じたとき

（時間外勤務手当費予算の修正）

第8条　人事部長は、各部門長から時間外勤務計画の修正届が提出されたときは、時間外勤務手当費修正予算を作成しなければならない。

2　人事部長は、予算を修正したときは、社長の承認を得なければな

らない。

（時間外勤務手当費予算の執行）

第9条　人事部長および各部門長は、次の事項を誠実に遵守して時間外勤務手当費予算を適正に執行しなければならない。

(1)　金銭出納規程その他の経理諸規程

(2)　業務分掌

(3)　職務権限規程

(4)　関係法令

（経過報告）

第10条　人事部長は、予算の執行状況を毎月、社長に正確に報告しなければならない。

（決算報告）

第11条　人事部長は、予算年度が終了したときは、速やかに時間外勤務手当費予算の決算を行い、その結果を社長に報告しなければならない。

2　実績と予算との間に差異が生じたときは、その原因を分析し、その結果を報告しなければならない。

（書類・データの保存）

第12条　人事部長および部門長は、時間外勤務手当費予算に係る書類およびデータを予算年度終了後3年間、安全に保存しておかなければならない。

（規程の改廃）

第13条　この規程の改廃は、人事部長が発議し、社長の決済を得て行う。

（付則）

この規程は、○○年○○月○○日から施行する。

【著者紹介】

荻原　勝（おぎはら　まさる）
東京大学経済学部卒業。人材開発研究会代表。経営コンサルタント

〔著書〕
『就業規則・給与規程の決め方・運用の仕方』、『働き方改革関連法へ
の実務対応と規程例』、『人事考課制度の決め方・運用の仕方』、『人事
諸規程のつくり方』、『実務に役立つ育児・介護規程のつくり方』、『人
件費の決め方・運用の仕方』、『賞与の決め方・運用の仕方』、『諸手当
の決め方・運用の仕方』、『多様化する給与制度実例集』、『給与・賞
与・退職金規程』、『役員・執行役員の報酬・賞与・退職金』、『新卒・
中途採用規程とつくり方』、『失敗しない！新卒採用実務マニュアル』、
『節電対策規程とつくり方』、『法令違反防止の内部統制規程とつくり
方』、『経営管理規程とつくり方』、『経営危機対策人事規程マニュア
ル』、『ビジネストラブル対策規程マニュアル』、『社内諸規程のつくり
方』、『執行役員規程と作り方』、『執行役員制度の設計と運用』、『個人
情報管理規程と作り方』、『役員報酬・賞与・退職慰労金』、『取締役・
監査役・会計参与規程のつくり方』、『人事考課表・自己評価表とつく
り方』、『出向・転籍・派遣規程とつくり方』、『IT時代の就業規則の
作り方』、『福利厚生規程・様式とつくり方』、『すぐ使える育児・介護
規程のつくり方』（以上、経営書院）など多数。

残業時間削減の進め方と労働時間管理

2020年8月1日　第1版　第1刷発行　　　定価はカバーに表
　　　　　　　　　　　　　　　　　　　示してあります。

　　　　　　　　　　　著　者　荻原　　勝

　　　　　　　　　　発行者　平　　盛之

　　　　　　　㈱産労総合研究所
発行所　出版部　経営書院
　　　　　　　〒100−0014
　　　　　　　東京都千代田区永田町1—11—1　三宅坂ビル
　　　　　　　電話03(5860)9799　振替00180-0-11361

ISBN978-4-86326-297-3